行動力をはぐくむ教室

もちあじワークで多様な未来を

沖本和子
Okimoto Kazuko

解放出版社

まえがき──かかわりあいながらつくる「安心の場」と「もちあじの尊重」

　子どもたちには未来があります。夢や願いをもっています。でも、夢に向かってすすみ、願いをかなえるのは、簡単なことではありません。自分一人のチカラでは、むずかしいこともたくさんあります。子どもたちは、学校生活のなかで、かかわりあい、つながりあいながら、それぞれのもちあじをおたがいの「みらいの種」の栄養にして日々を過ごしています。かかわりあい、つながることで、夢や願いをかなえるための大きなチカラを得ているのです。

　学校は、子どもたち一人ひとりの可能性を大きく広げる集団づくりをめざす場所です。友だちのもちあじが自分の「みらいの種」の栄養になったり、自分のもちあじが友だちの夢をかなえるチカラになったりすることを実感してもらえる活動をくみたて、かかわりあいながらつながりを確かなものにしていく「安心の教室」をめざします。

　そんな思いでとりくみ続けた集団づくりのベースは、「安心の場づくり」と「もちあじの尊重」です。「安心ルールをつくろう」「もちあじはたからもの」という活動を柱にして実践してきたことを、3年前に『教室はおもちゃばこ──学級づくりに多様なもちあじを』という本にまとめました。本書は、そこには書ききれなかった実践やその後の実践記録、さらに具体的なとりくみをまとめたものです。

　一人ひとりの多様なもちあじがつながりあっていくことで、誰のもちあじも教室のなかで活きます。多様なもちあじを安心して発揮できる教室では、いつの間にか、みんなどこかでかかわりあってつながっていけるものです。けれど、友だちとかかわりあう術を知らずに、多様なもちあじを発揮することなく過ごす子どもたちが多くなればなるほど、「いつの間にかつながっている」ことを期待するのはむずかしくなるでしょう。

　ふとした瞬間、友だちと顔を見あわせて笑った。友だちが困っているときに、「手伝おうか」って声をかけたら「うん」とうなずいた。自分が困っているときに、友だちが気づいて「だいじょうぶ？」と声をかけてくれてほっとした。そんな、なんということのないできごとで子どもたちのつながりは強くなっていきます。かかわりあってつながりが生まれ、かかわり続けることでつながりがより確かなものになり、自分も本音を出しあえる「安心の教室」をつくっている一人であることを実感します。それが、子どもたちにとって、学校のあたりまえの日常になってほしいという願いを込めて、この本を書きました。クラスづくり、学校づくりに少しでも役立てていただければ幸いです。

2016年12月　　　　　　　　　　　　　　　　　　　　　　　　　　沖本和子

行動力をはぐくむ教室——もちあじワークで多様な未来を…もくじ

まえがき——かかわりあいながらつくる「安心の場」と「もちあじの尊重」 3

1 安心を感じる教室を …… 7

「安心の約束」を学校に 7
「安心の３つの約束」 8
「安心の３つの約束」で実感できること 12
資料①「安心の３つの約束（安心の基本ルール）」配布プリント 14
コラム あそびのおへそ 15
ワーク① クラスの安心ルールをつくろう 16
コラム 主体的なコミュニケーションは「聴く」ことから 17

2「もちあじはたからもの」という活動 …… 18

「もちあじ」とは 18
「もちあじワーク」のもつチカラ 20
「もちあじワーク」で大切にしたいこと 22
・「もちあじワーク」をする際に確認しておきたいこと 22
・「もちあじワーク」Q＆A 23
「もちあじワーク」をすすめよう 27
ワーク② いろんな「もちあじ」を知ろう、感じよう 28
資料②「もちあじ」ってなあに？ 29
ワークシート①　きょうのわたしがすきなもの 30
ワークシート②　すきなものいろいろ 31
ワークシート③　きょうの（　）のきもち 32
ワークシート④　わたしのもちあじいろいろ 33
ワークシート⑤　わたしのたいせつなもちあじ 34
ワーク③ できること・できないこと 35
資料③ おり紙でつくって遊ぼう「わっかひこうき」 36
ワークシート⑥　おりがみでつくってあそぼう 37
ワークシート⑦　どんなことをどんなふうにやっているのかな 38
ワーク④ 自慢のススメ 39

ワークシート⑧　わたしのじまん　45
ワークシート⑨　わたしのじまん　発表計画シート　46
ワーク5　「ふつう」について考えよう　47
ワークシート⑩　「ふつう」について考えよう　48
コラム　給食のおかずの量の「ふつう」　49
ワーク6　「もちあじ」を「みらいの種」の栄養にしよう　50
ワークシート⑪　クラスのなかまに伝えたいもちあじ　52
ワークシート⑫　（　　）のみんなのもちあじ　53
ワークシート⑬　もっているチカラ・ほしいチカラ　54
ある小学校の実践　55

3 「男女共生教育」の実践へ──もちあじの尊重から　61

一人ひとりの違いを尊重する学校づくりを　61
・実践する前に教職員間で確認しておきたいこと　62
「男女共生教育」につながる、多様なもちあじの尊重　63
「男女共生教育」の実践　65
ワーク7　何色がスキ？　65
ワークシート⑭　すきな色いろいろ　67
ワークシート⑮　持ち物の色　68
コラム　ランドセル　69
ワーク8　変だと思うのはなぜ？　70
ワークシート⑯　「なんか、変」？　72
ワークシート⑰　「変」なのかなあ？　73
ワークシート⑱　「女性」のイメージ、「男性」のイメージ　75
資料④　実践より　76
ワーク9　自分を生きる　79
ワークシート⑲　この「ちがい」、どう思う？　81
ワークシート⑳　あなたの夢はなあに？　82
ワークシート㉑　一人ひとりの生き方を尊重しよう　84
資料⑤　中学校での実践より　86
ワークシート㉒　自分を大切に　88

4 行動力を育む実践へ──多様なものの見方・考え方から ……… 89

いじめや偏見に立ち向かう行動力を育むために　89
うわさやかげぐちのしくみを知り、解決に向けて行動しよう　91
ワーク⑩　本当はどうなのかな？　味方になろう！　93
ワークシート㉓　「うわさ」や「かげぐち」について考えよう　94
ワークシート㉔　立場を知って行動につなげよう　95
資料⑥　実践より　96
対立と非暴力を考えよう　98
ワーク⑪　わたしメッセージ　99
ワークシート㉕　気持ちの表現スタイル　100
ワークシート㉖　わたしメッセージを知ろう　102
資料⑦　実践より　104
ワーク⑫　怒りの落ち着かせ方　105
ワークシート㉗　わたしが怒るとき　106
ワークシート㉘　怒りを落ち着かせる方法を探ろう　108
資料⑧　実践より　109

あとがき　110

1 安心を感じる教室を

「安心の約束」を学校に

　「ルール」という言葉の響きに、強制や制限あるいは圧力を感じる人もおられることでしょう。子どもたちにとって、学校の決まりがまさにそれなのかもしれません。おとながつくった学習スタイルや生活のきまりでは、学習に集中できなかったり、周りの友だちとのコミュニケーションがとりづらくなっていたりする子どもたちも少なくありません。それでも、学校のきまりを守れる人が大多数なので、守れない人は「約束を破る人」と評価され、叱られる対象になっていきます。繰り返し叱られる「約束を破る人」は、「先生はいつも自分だけ叱る」「どうせ自分なんか」と担任を信頼できなくなり、自分のことも肯定できなくなっていきます。担任に「あの子はこういう子」という評価を見せつけられたクラスの子どもたちは、「あの子はいつも先生に叱られているダメな子」といった決めつけをもってしまいます。

　守らせなければ！　指導しなければ！　と、担任が躍起になればなるほど、叱られる子と周りの子どもたちの間に何かしらの溝ができていきます。あの子をなんとかしようと担任がかかわればかかわるほど、子どもたちどうしでかかわりあう時間が少なくなっていき、溝はますます深くなってしまいます。

　「ルール」とは、誰かの自由を奪い、行動を制限するためにつくられるものではなく、同じコミュニティにいるすべての人が安心して生活できるようにつくられるものです。学校の決まりは、学校で生活するすべての人にとって安心できるものでなくてはなりませんし、学校にいるおとなは、子どもたちにとって安心できる存在でなくてはなりません。

　そこで、誰もが安心して過ごせる学校をめざして、学校のすべての場にある「安心の約束」をつくります。その際、何よりも大切なのは、教職員自身がこの「安心の約束」を守って、子どもたちにとって安心な存在であることを示すことです。

　「どの教室にも廊下にも運動場にも体育館にもある、安心のための約束を伝えます」と、子どもたちに「安心の約束」を話し、「わたしもこの約束を守っていきます」と、担任自身が安心な存在であることを伝えます。

「安心の3つの約束」

　実践例として「安心の3つの約束」を紹介します。子どもたちに伝えたいことと、教職員自身が安心の存在であるために意識しておきたい大切なことをまとめました。

①　うなずこう〈傾聴〉
　話をしているとき、相手がうなずきながら聴いてくれていると、ホッとするものです。「あ、聴いてくれている！」と思うと、少し緊張もほぐれて、自分の思いを落ち着いて話せます。自信をもって話せます。
　話す人が、思いをできるだけきちんと伝えられるように、聴く人は、話している人のほうに気持ちを集中させて、からだまるごとでうなずきながら聴きましょう。「あなたぜんぶ」で聴きましょう。聴いている途中で、自分とは違う意見だと感じても、「あなたはそう思うんだね」とうなずきながら最後まできちんと聴きます。そして、ぜんぶ聴き終わったら、今度は、あなたの意見を安心して話しましょう。

　「うなずく」というのは、同意したり賛成したり共感したりした気持ちを示すために首を縦に振ることをさしますが、実際には、「うなずきスタイル」は、人によって違います。話をしている相手によって変わることもあるでしょう。腕組みをして目を閉じて話を聴く人がいるかもしれません。話に引き込まれて相手を見つめて聴く人がいるかもしれません。天井の一点を見つめて動かずに聴く人がいるかもしれません。
　ここでいう「うなずこう」は、首を縦に振る動作のことをいっているのでもなく、同意や共感のことをさしているのでもありません。同意・共感するかしないかにかかわらず、「あなたはそう思うんだね」「そういう考え方もあるんだね」「わたしとは違った意見だね」と、話に気持ちを集中させて相手の思いを感じながら自分の思いを重ね合わせて聴くことをいっています。

　話している人の意見は自分と違っているかもしれません。自分とは違う意見だと感じても、「あなたはそういう意見なのですね」と相手の思いを尊重して最後まで聴きましょう。全部聴き終わったら、今度は、自分の意見を安心して話しましょう。さっきまで話をしていた人は、今度は聴く側になって、「あなたはそう思うのですね」と、最後まできちんと聴きましょう。これが、ここでいう「うなずこう」の意味です。「傾聴」をわかりやすく示すために使ったのが「うなずこう」だととらえてください。それをわかりやすくあらわしたものが「うなずきのお・へ・そ」です。

> 「うなずきのお・へ・そ」「お〜」「へぇ〜」「そうなんだ」
> 話を聴くときは、「お〜」「へぇ〜」「そうなんだ」と、心のなかでうなずきながら、話をしている人の気持ちを感じてみましょう。あなたの、カラダまるごと、ココロまるごとで聴いてみましょう。

　この「うなずきのお・へ・そ」は、就学前や小学校低学年の子どもたちに「うなずこう（傾聴）」をわかってもらうためにつくったものですが、小学校高学年や中学校の子どもたちにとっても、わかりやすいものだったようです。中学生から、こんな感想をもらいました。

- わたしは、一番「安心ルール」に興味をもちました。その中でも、「おへそ」に同感しました。わたしは、よく友だちの話をさえぎって自分の主張をしている気がします。自分もされたらイヤなのに自分がしているのは良くないので、絶対に直したいです。友だちや人の話をさえぎらずに、「おー」「へぇー」「そうなんだ」と言えるようになりたいです。
- 聞くってことは、今まで姿勢のことしか言われたことがなかった気がする。相手のほうを向くとか、聞く姿勢！　とか。「お〜。へ〜。そうなんや〜。」と相手の気持ちを思いながら「聴く」って、初めて知った。これからは、ふだんの話でも意識してみようと思う。

　学校で、「聞く」あるいは「聴く」について子どもたちに話をする機会はよくあります。「はい、集中」と号令をかけて、聞く態度を促す場面もよく見ます。けれど子どもたちにとっては、やらされている感覚が強く、話を聴くという本当の意味は届いていないのかもしれません。あるいは、態度にこだわりすぎるおとなたちのメッセージによって、心でどう感じているかは二の次になっているのかもしれません。

　できるだけ幼少期から、相手の気持ちに思いをはせて話を聴くことを大切にした活動をとりいれていきたいものです。

② ひみつはまもろう〈信頼〉

　ここが安心できる場所だと感じると、今まで話せなかったことを話すことがあります。いっしょうけんめい聴いてくれていると感じると、「ここだから話せる」という"信頼"の気持ちが生まれて、いままで心のなかにそっと閉じ込めてきたことや、どうしても言葉に出して言えなかったことが、すっと話せたりします。

　この場にいるみんなを信頼したからこそ話した人の気持ちには信頼で応えましょう。

　この安心の場所で聴いた個人的な話は、この安心の場所だけの話題です。もし、ほかの誰かに話したほうが解決に結びつくとか、ほかの誰かのチカラになる話だとか、その話を

外に持ち出したい理由があるときも、話をした本人に、別の場所で話していいかどうかをきちんと尋ねましょう。

　この「ひみつはまもろう」の「ひみつ」は、「安心の場」における個人的な話をさします。「安心の場」は、教室全体のときもあるでしょうし、何人かのグループのときもあるでしょう。生活班かもしれないし、隣の席の人との二人組かもしれません。どの場においても、誰かの個人的な話を別の場所で言うときは、話をした本人の承諾を得ることが必要です。グループで語り合ったことを全体で共有する授業、自己開示を伴う可能性のある授業では、事前に、その流れを授業者に伝えておきましょう。安心して語り合えるように、そのときそのときの「この場」を、しっかりと確認しながらすすめていくことを意識しましょう。

　「先生、絶対誰にも言わないでね」と打ち明けてくれた話が、一人では抱えきれないことだったとしたら、どうすればいいでしょうか。「わかった、絶対に誰にも言わない」と約束しておいて、こっそりと誰かに相談するでしょうか。それでは、約束を守ったことにはなりません。「わたし一人では解決できそうにないから、信頼できるほかの人にも伝えていっしょに考えたい」という気持ちを伝えることが必要です。それでも、「絶対に言わないで」と言われたらどうでしょうか。ことと次第によっては、一人で抱え込まずに信頼できる同僚や管理職に相談しないといけないこともあるでしょう。そうすると、そこには、問題解決のために必要な新たな「ひみつ」が生まれます。隣のクラスの担任が「担任の先生から聞いたよ。たいへんやったね。わたしも力になるからいつでも相談してね」と、その人のことを思うあまりに、つい言ってしまったとしたら、その人と担任の信頼関係は崩れてしまうでしょう。一度こわれた信頼は、なかなかとり戻せないかもしれません。

　「ひみつを守る」という約束は、信頼できる仲間がいる安心の場にあります。子どもたちが育っている環境は多様です。誰もが、安心できる環境で育っているわけではありません。ですから、恐怖や不安を伴う秘密については、信頼できる学校の教職員に打ち明けてもいいと伝えます。つらい苦しい秘密は、安心して信頼できる教職員に話していいのだと伝えることで、苦しんでいる子どもたちが、伝える勇気をもつことができるかもしれません。

　「ひみつはまもろう」は、信頼関係のなかで安心して思いを伝えあうための約束であり、子どもたちの人権を守るための重要な約束です。教職員の共通認識として、問題を解決するための守秘のあり方を常に話し合っておくことが大切です。

③　パスOK〈尊重〉

　誰だって、どうしてもできないことや、どうしてもできないときだってあるものです。そんなときは、周りのみんなを信じて、「パス」しても大丈夫です。最後まであきらめないことは大切だけれど、がんばりすぎは禁物。休んでいいのです。適度な休息は心身をリフレッシュしてくれます。投げ出すのではなく、バトンを誰かに託しておけば、チャンスはまたやってくるものです。バトンは、いつでも、パス、OK！
　約束を守っていない人がいたら、「きっと何かわけがあるはず」と、その人の気持ちに寄り添ってみましょう。守らないわけ、守れないわけがあるのかもしれません。約束は、誰かを不安にするためにあるのではありません。みんなの安心を守るためにあるのです。

　「パス」にはいろんな意味があります。ここでいう「パス」もいくつかの意味合いがあります。一つは、自分の順番を飛ばして次の人に回すこと、バトンを信頼できる仲間に渡すことです。また一つは、できないことを信頼できる仲間に託すことです。さらには、どんな状態でもあなたはこの安心の場所にいてかまわないという意味も含みます。「誰のもちあじもこの安心の場で尊重される」と言い換えることができるかもしれません。

　誰にでも、できることとできないことがあります。また、同じことでもできるときとできないときがあります。一度できたからといって次もできるとは限らないし、前はできなかったから今度もできないとは限りません。人は、そのときのいろんなコンディションによって、できたりできなかったりを繰り返しながら変化しています。「できる・できない」は、何かの基準によって決められてしまっているかもしれません。昨日よりもできたけど平均よりはできていないとか、AさんよりはできたけどBさんよりはできていないとか、比較するものによっても、できるかできないかは変わってきます。このあいまいな「できる・できない」で人の価値まで評価されてはたいへんです。今の状態が、今の自分のありのままの姿です。できないときは、「今はできないから、あとにする」「ここまでできたけど、次がむずかしいから手伝って」と周りの人に伝えたり、周りの人にチカラを借りたりする。できた人は、できない人が求めたらチカラを貸す。誰かにバトンを渡したそうな人に気づいたら声をかける。そんなかかわりを願うのが「パスOK」という約束です。

　自分の周りに約束を守っていない人がいたら、「きっと何かわけがあるはず」と、その人の気持ちに寄り添ってみるのは、まさしく「もちあじの尊重」です。守らないわけ、守れないわけを知り、みんなで解決法を考えていくと、ときには、約束自体を変える必要性を発見するかもしれません。約束は、誰かを束縛したり不安にしたりするためにあるのではなく、みんなの安心を守るためにあるのだと、いつも確かめあいながら、おたがいのヘルプに気づいていきたいものです。

「安心の3つの約束」で実感できること

　子どもたちは、「安心の3つの約束」があることで、緊張がほぐれて安心して思いを伝えあえることを実感します。この「安心の3つの約束」には、安心して気持ちを伝えあうことができるモトが入っています。約束を守りあえば、「みんなは自分の話をしっかりと聴いてくれる」「ここで話したことは、うわさになったりしない」「疲れたときは休んでいい。自分のペースですすめばいい」ということが保障されるので、自分が大切にされていることをすぐに実感できるのだと思います。

　この約束に貫かれているのは、「おたがいの存在を尊重する」ということ。自分の気持ちに向きあおうとしなかった人も、人の気持ちを考えようとしなかった人も、この約束を守ることで、自分自身の気持ちと向かいあい、おたがいの気持ちを感じあい、思いあったり助けあったりすることを体感し、つながることのここちよさを実感するのです。

　「大切にされている」。この実感は、子どもたちにとって、とても心地よいものです。教室が、誰の存在も大切に思う「安心」の場であること。それが、人間関係を築くうえでいちばん重要なことなのではないでしょうか。

　「学級づくりに必要なのは、傾聴と信頼と尊重」「傾聴から信頼が生まれ、語りあい聴きあい、かかわりあうことで、もちあじを尊重するつながりが強くなる」というのが、わたしの経験から得た集団づくりのモットーです。大切にされているという気持ちから、大切にしようという気持ちが生まれると信じています。それを、コミュニケーションのかたちとして具体的にしたものが、「安心の3つの約束」です。「**うなずこう**」は**傾聴**です。「**ひみつはまもろう**」は**信頼**です。「**パスOK**」は、**尊重**です。

　自分たちの安心のためにある約束だと感じた子どもたちは、この3つの約束を積極的に守ります。約束は、人の行動を規制し縛るためにあるのではなく、みんなの安心のためにあるのだと体感できたとき、「安心の3つの約束」は守らされているものではなく、守りたいものになります。

　「安心の3つの約束」は、「安心の場をつくるための基本のルール」だと考えています。ルールという言葉を使うほうがわかりやすいときは、「安心の基本ルール」という呼び方で子どもたちに伝えてもいいでしょう。

　このあと、自分たちで安心の場をつくっていくための「クラスの安心ルール」の活動へつなげていきます。その前に、「ルール」について考え「ルール」を実感する、次のページのような活動をしてみるのもおすすめです。

> 低学年　　　　　　　遊びのルールについて考える
① みんながよくする遊びにはどんなルールがあるかを出しあう。
② なぜ、そのルールがあるのかを考える。
③ そのルールがあることで、困る人はいないか考える。
④ どうしたら「みんなの安心のためのルール」になるか、意見を出しあう。
⑤ 新しいルールをつくったり、いらないルールをなくしたりしてみる。
　（実際に困ったことがある人に、確認しながらすすめる）
⑥ 新しいルールで遊んでみる。
⑦ みんなが安心して遊ぶことができたか、確かめあう。

> 高学年　　　　　　　学校のルールについて考える
① 学校にあるルールを出しあう。
② なぜ、そのルールがあるのかを考える。
③ そのルールがあることで、困る人はいないかを考える。
　（困ったことがある人は、経験談を語る）
④ もしも、変えたほうがよいルールがあると確かめあえたときは、どんなルールにすれば「みんなが安心できる学校ルール」になるのか、意見を出しあう。
⑤ 自分たちで「安心の学校ルール」案をつくり、児童会などで提案する。
⑥ 児童会などで話し合い、校長先生に「安心の学校ルール」を提案する。

　教室での安心を確認しあおうにも、はじめにそこに安心がなければとりくみさえ始まらないということもあります。とにかく始めよう！　と思ったときに、いちばん大切なのは、子どもたちの前にいるおとなが安心できる存在であることです。それを示すためにも、はじめからここに安心があることを可視化できる、実感できる、「安心の約束」なるものが必要だと思っています。
　もちろん、ここに挙げた3つが絶対なのではありません。教室によって大切にしたい約束事は変わることでしょう。どうぞ、子どもたちが必要としている安心のための約束を、まずは担任が示すところから始めて、子どもたちが主体的に「クラスの安心ルール」をつくるとりくみへとつないでいってください。

資料①「安心の3つの約束(安心の基本ルール)」配布プリント

安心の3つの約束

①うなずこう

だれかが話をしているときは、うなずきながら聴きましょう。
「聴く」というのは、目と、耳と、心を合わせて
話をしている人の気持ちを感じようとすることです。

うなずきの お・へ・そ   「お〜」「へぇ〜」「そうなんや」

②ひみつは まもろう

話をしている人は、いっしょうけんめい自分の思いを伝えています。
話を聴いた人は、その思いを大切にしましょう。
あなたを信じて、大切な話をしてくれたのですから。
聴いた話を ほかの人に言いたいときは、言ってもいいかどうかをちゃんと
確かめてからにしましょう。

③パス、OK！

がんばってもできないことは、だれにでもあるものです。
そんなときは、周りの人を信じて、「パス」してもだいじょうぶです。
あきらめないことは 大切だけど、がんばりすぎなくてもいいのです。
自分の気持ちと相談して、もうだめだと思ったときは、少し休憩しましょう。
周りの人に助けを求めてもかまいません。
いっしょうけんめいがんばるのは、大切なことですが、
がんばってもできないときに「助けて」というのは、
もっと大切なことです。

コラム　あそびのおへそ

　子どもたちは、どんなあそびにもルールがあることを知っています。でも、そのルールをみんなであそびやすいように変えればいいとはなかなか思えないようです。本来、あそびは自分たちでつくり出すものです。自分たちがあそびやすいように自分たちでルールをつくってあそぶものです。ルールは楽しくあそぶための基本です。楽しくあそぶためにルールをどんどん変えていける柔らかいからだと心で、友だちといっしょにどんどんあそびを開発していってほしいと思っています。

　あそびだからといって、あそび半分ではやりません。あそびだって真剣にやります。真剣にあそぶからこそ、真剣に楽しいのです。真剣に楽しいというのは、心の底から楽しいということ。みんなであそんで、ほとんどの人が楽しかったらまあまあ成功というのではなくて、あそんだみんなが「あそんでよかった！」と思えるようにあそぶのです。ときには、トラブルが起こることもあるでしょう。怒ったり泣いたりすることもあるでしょう。いろんな感情が出てくるのも、あそびがもつ魅力の一つ。おたがいのすなおな感情を出しながら、ぶつかりながら、それでも、「あそんでよかった」と思えるあそび方をするための合言葉が「あそびのおへそ」です。

　同じあそびをしているつもりでも、おたがいに思っているルールが同じだとは限りません。今までいっしょにあそんだことのなかった人とあそんでいると、思っているルールがぜんぜん違っていたという経験をした人もたくさんいるはずです。今までと違うルールに出合ったとき、つい「そのルールは間違っている！」と思ってしまいがちですが、"ところ変わればルールも変わる"のです。今までと違うルールに出合ったとき、「おっ！　へえ！　そうなんや！」と、まずは初めて出合ったルールを尊重します。

　おたがいの思いに対しても同じです。あそびのなかではおたがいの思いがいっぱい出てきます。思いと思いがぶつかりあうこともあります。そのとき、どっちが正しいとか間違っているとかではなく、おたがいの思いを「おっ！　へえ！　そうなんや！」と聴きあうのです。それから、どうすればうまく解決できるのかを、いっしょにいるみんなで考えていくのです。あそびのど真ん中にある「楽しさ」をみんなが感じられるように、「おっ！　へえ！　そうなんや」と思いを聴きあうことを大切にしてあそぼう。それが、「あそびのおへそ」です。

ワーク❶ クラスの安心ルールをつくろう

　「安心の３つの約束（基本ルール）」を確かめたら、次は、「ここの安心ルール」づくりを始めます。「ここ」というのは、すすめかたの例で示したように遊びの場や学校全体をさすこともあるでしょう。隣の人とのペアかもしれませんし、学習グループかもしれません。生活班ということもあるでしょう。
　この活動の目標は、学校生活の主要な単位であるクラスの安心ルールをつくることです。時間数やとりくみのねらいに合わせてアレンジしてとりくんでみてください。

　すすめかたの例です。

その１　「ここの安心ルール」をつくろう

1　「安心の３つの約束」を確認し、意識する。
2　今までの経験から、自分にとっての安心を考える。
3　二人組・学習班・生活班などのグループで、おたがいの安心を語りあう。
4　この場（二人組・グループ・生活班など）がみんなにとって安心であるように、自分には何ができるかを考えて出しあう。
5　ここが安心の場になる「安心ルール」をつくる。
6　「安心ルール」はみんなでつくったもので、ここの安心をつくるのはここにいるみんなだということを確かめあう。

その２　「クラスの安心ルール」をつくろう

1　「安心の３つの約束」を確認し、意識する。
2　グループでつくった「安心ルール」を出しあう。
3　ほかのグループの人にとっても安心かどうかを確かめあう。
4　変えたほうがいいルールがあれば、話し合う。
5　それぞれのグループの「安心ルール」を尊重しながら、似ているもので分類し大事にしたいことを取り出して「クラスの安心ルール」にすることを確かめあう。
6　意見交流しながら、「クラスの安心ルール」をつくりあげる。
　※つくりやすくするために、頭文字になる「あいことば」をつくってからとりかかるのもおすすめです。
7　「クラスの安心ルール」は、クラス全員でつくったもので、みんなのチカラでクラスを安心の場にすることを確かめあい、掲示物にして飾る。

　※具体的な実践や掲示物、ワークシートについては、『教室はおもちゃばこ─学級づくりに多様なもちあじを』（解放出版社）の14〜24頁をご参照ください。

コラム　主体的なコミュニケーションは「聴く」ことから

　入学して1か月。硬くなっていたからだと心がほぐれ、言葉を交わす人も多くなり、友だちが増えたと感じるはず。笑顔も増え、みんながここちよいと感じる教室になってきたはず。そのはずなのに、Aさんは不機嫌そうな表情だし、仲がいいと思っていたBさんとCさんとの間にはトラブル続出だし……、教室から笑顔が減っていく感じ……。

　心を込めてメッセージを届けていれば、きっと相手に届く。そう信じて、「ねえ、みんな、聴いてね」と子どもたちにていねいにメッセージを送ります。わたしが話し始めると、子どもたちがこちらを向いてじっと話を聴いてくれているようなので、「みんなわかってくれているんだ」と思ってすっかり安心していました。でも、子どもたちの気持ちには全然気づいていなかったのです。Aさんが不機嫌な理由も、BさんとCさんがけんかしているわけも詳しく知ろうとせず、教員になったばかりのころのわたしは、とにかく心をこめて発信してさえいれば、子どもたちに届くと信じて、一方的にメッセージを出し続けていたのだと思います。「これはみんなにわかってもらいたいことだから」と、子どもたちを無理やりわたしの気持ちに寄り添わせようとしていたのです。一方向からの「心を込めたつもり」の発信だけでは、子どもたちどうしのコミュニケーションがうまくいくはずはないのです。

　子どもたちをつなげないでどうするねん！　とやっと気づいたわたしは、そこから、①耳と目と心を合わせて相手の気持ちを感じようとすること、②「お～」「へえ～」「そうなんや」「あなたはそう思ってるんやね」と最後までうなずくこと、③話している人が「聴いてくれている」と感じる「聴いてるよサイン」を送ることを伝えながら、「聴く」「話す」を大切にした仲間づくりをすすめていきました。

　「まほうのマイク」（『教室はおもちゃばこ』53頁に詳しく載せています）を使って、「マイクを持っている人は話をする人。あとの人は聴く人。聴く人は『聴いてるよサイン』を送ること」のここちよさを体感した子どもたちは、自分が話すとき、友だちがうなずいているかどうかを感じながら話すようになっていきました。「あっ、聴いてくれている！」と感じたら、「話す」ことに自信がもてます。「話す」ことがうれしくなります。どんな気持ちも「へえ、そうなんや。なるほど」「そうか、あなたの気持ちはそうなんだね」とうなずきながら聴きあう関係が子どもたちのなかでつくられていき、子どもたちは、自分の気持ちをどんどん肯定し、話すことを楽しむようになりました。

　魔法のマイクをもって「聴いてください」と語り始め、「聴いてるよサイン」でうなずく子どもたち。担任が「人の話はちゃんと聞きなさい」と何度も注意するよりも、何倍もおたがいの存在を感じることができる、自分たちが主体となったかかわりあい、コミュニケーションをしています。

2 「もちあじはたからもの」という活動

「もちあじ」とは

　ここでいう「もちあじ」とは、その人をつくっているありとあらゆる要素をいいます。わたしたちは、一人ひとり違ったからだをもち、生まれてから今までいろんな経験をしてきました。その経験は、その人だけの大切な財産です。

　経験も人それぞれなら、経験から得る価値観も、価値観から生まれる感情も一人ひとり違うことでしょう。感情の表現スタイルも日々の言動も、一人ひとりが独特のあじわいをもっていて当然です。身体的特徴、環境、経験、感情、思考、言動……。

❶身体　　からだは、みんな違っています。特徴も能力も一人ひとり違います。
❷環境　　生まれてから今まで、育ってきた環境もさまざまです。
❸経験　　生まれてから今までに経験してきたことも人によって全然違います。
❹感情　　ものごとに対する感情は多様です。同じ状況にいても、身体的特徴や育ってきた環境や経験によって抱く感情は違います。
❺思考　　感情が違うと、ものごとに対する思いや考え方も違ってきます。
❻言動　　からだの特徴や環境、これまでの経験や抱く感情・思考によって、言動も違ってきます。

　一人ひとりを独特なものにしているこれらすべてのものを「もちあじ」という言葉であらわします。一人のなかには、多様な数えきれない「もちあじ」があるのです。ほかの誰でもない自分の独特のあじわい、「もちあじ」は、かけがえのないものです。

　ところが、「もちあじ」は、多数側や権力側のものの見方や都合で、「いいもちあじ」「悪いもちあじ」と評価されてしまうことがあります。

　20年くらい前のことです。幼稚園に勤務していた知人からこんな話を聞きました。

　「この春卒園した子の母親が、"あんなに幼稚園に行くのが好きだったうちの子が学校に行きたがらなくなりました。先生に叱られてばかりいるようで。どうしてでしょう。元気もなくなって。勉強もわからないようで"と相談に来られました。幼稚園では、のびのび過ごしていて、小学校でどんな活躍をするのか楽しみにしていた子だったので、わたしたちもびっくりでした」

　心配になった幼稚園の担任は、日曜参観日に様子を見に行かれたそうです。

「わたしの顔を見ると、すぐに笑顔で駆け寄ってきて、元気そうに見えました。授業中は、何度か担任の先生に注意され、少しやる気がなさそうにも見えました。休み時間になると、ベランダに飛び出して行って手のひらにいっぱいのダンゴムシを持って戻ってきました。ダンゴムシに興味のある友だちに何匹かあげてうれしそうに話していましたので、友だちとは仲良くやっているんだなと安心しました。チャイムが鳴って自分の席に戻ると、ダンゴムシを筆箱の中に入れていました。しばらくして先生がそれを見つけました。ものすごく叱られてダンゴムシをベランダに戻しに行きました。戻ってきて、いすをガタガタ揺すっていました。それを先生に注意され、教科書を開いていないと注意され、鉛筆を出していないと注意され……。友だちにあげたダンゴムシも先生に見つかってその子が叱られていました」

幼稚園の担任の話は続きます。

「幼稚園では、自分で遊びを創り出すのが上手で、たくさんの友だちとのびのびとあそんでいた子です。小学校でもいっぱい友だちができるだろうと、なんの心配もしていなかったのですが、幼稚園と小学校では、子どもの見方が違うのでしょうか、担任の先生は、『落ち着きがなくて、おしゃべりが多いですねえ。協調性がないようです』と困っておられました。なんだかつらかったです」

幼稚園の先生のお話は、あたりまえになってしまっている学校の日常に警鐘を鳴らすものだと感じました。

それからしばらくして、泥んこあそびに誘っていただいて幼稚園に出かけたとき、園庭一面"泥の海"になっているのを見て、小学校ならせいぜい砂場か中庭くらいでしか泥んこあそびはできないなあ、一週間も園庭全部を泥んこあそびに使う発想は小学校にはないなあと、幼稚園と小学校の「あたりまえ」の違いを感じました。全身泥まみれになって泥の海で泳ぐ子どもたちの姿を見ながら、「幼稚園と小学校では子どもの見方が違うのでしょうか」という幼稚園の先生の言葉が頭のなかを行ったり来たりしていました。

また、ちょうどそのころ、小学校高学年で「いいところみつけ」の公開授業がありました。友だちが見つけてくれた自分の「いいところ」を知って自己肯定感を高めるというねらいの授業でした。ところが、全員に「勉強がよくできる」と書かれた人は、怒っていました。「わたしのいいところは"勉強がよくできる"だけ？　と思った。うれしくなかった。いやだった」とふりかえりに書いていたのです。ほかの人が何を書いたのか見えないように用紙を折っていくやり方だったので、みんなが同じことを書く偶然もありえたかもしれません。でも、書かれた人は、「わたしのいいところはこの一つだけ？」と思ってしまったのです。この人の自己肯定感は高まらなかったのではないでしょうか。

誰かのある面が「いいところ」なのか「ダメなところ」なのかは、見る人の価値観やその場にあるルール、さらには切り取られた一場面といったもので判断されて、決めつけら

れてしまうものなんだと強く感じた話でした。個人の価値観で他者の「いいところ」「ダメなところ」を決めつけてしまうのは、自己肯定感を高めることにはつながりません。何よりも、その人のもちあじをかけがえのない大切なものとして尊重することから始めることが大切なのだと感じました。

　わたしがわたしであるすべてのもの、あなたがあなたであるすべてのものを大切に思うことから始めたいと考えたわたしは、それまで「ステキみつけ」と名づけておこなっていた活動をしなくなりました。周りの人に「あなたのステキなところはこんなところ」と見つけてもらうのではなく、まずは、自分で自分を知り、自分を大切に思う気持ちを育てることが大切だと感じたからです。子どもたちは、たくさんの人とかかわりあうなかで、今まで気がつかなかった「もちあじ」を見つけたり、今までの「もちあじ」が変化したり新たな「もちあじ」が生まれたりするのを経験することでしょう。そうして、"ここにいっしょにいることが、おたがいの「もちあじ」を豊かにする"ということを実感しながら、"自分の生き方につながるチカラ"を獲得していく、それがわたしの願う「もちあじワーク」のねらいです。

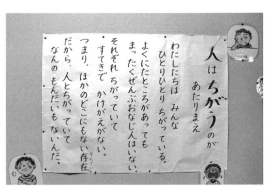

ある小学校の玄関ホールの掲示物

「もちあじワーク」のもつチカラ

　小学校では、どの学年でも、何度でも、「もちあじワーク」をすることをおすすめしています。子どもたちの意識に「もちあじはたからもの」だという概念が定着し、日常会話にも「もちあじ」という言葉が使われ始めると、おたがいを大切に思うかかわり方が見られるようになります。「もちあじ」について考える時間は、自分自身と向きあえる時間です。「もちあじ」を伝えあう時間は、「安心の3つの約束」を実感する時間です。そんな時間を何度も体験することで、自分自身を大切に思う気持ちや相手の思いを感じようとする姿勢が育ちます。自分の「もちあじ」を友だちに伝えるとき、友だちが「もちあじ」を伝えてくれるとき、教室には「傾聴」と「信頼」と「尊重」があるという意識が、いつしか学校には「安心」があるという無意識（あたりまえ）に変わっていく。そんなチカラが「もちあじワーク」にはあると実感しています。

身体的特徴・能力、感情のあらわし方などの「もちあじ」を周りの人に尊重されずに、ダメだと言われたり、けなされたり、かかわりを拒まれたりした経験のある子どもたちは少なくありません。就学前の子どもたちには、すでに、育ってきた環境のなかで学んだ価値観、「いいもちあじ」「悪いもちあじ」の決めつけがあるようです。そこに、テストの点数や「できる・できない」で評価する学校文化が拍車をかけて、「あの子はあかん子」と友だちをけなしたり、「どうせ自分なんか……」と自分をイヤになったりという言動・感情が生まれるのかもしれません。そう考えると、学校の教職員も子どもたちの自己肯定感を下げる一端を担ってしまっていることになります。おとなが自分自身の決めつけに気づき、子どもたちといっしょに学校を「安心の場」に変えていけるのも、「もちあじワーク」のもつチカラだと思っています。

　子どもたちの感想からも、「もちあじワーク」のチカラを感じます。
　「もちあじって人それぞれあって、そのもちあじで人を責めるんじゃなくて、クラスの人のもちあじを活かしてたくさんの人と遊び、友だちになりたいです。……もちあじってやっぱすげぇー！と思っています」
　この感想は、5年生が春に書いたものです。4年生のとき、周りの人に自分の「もちあじ」を決めつけられ、苦しくてあがけばあがくほどよけいに決めつけられ、もっと苦しくなって友だちを信頼できずにいた1年間。5年生で「もちあじワーク」をやったときに、自分のもちあじをうなずいて聴く友だちの姿に安心し、誰のどんな「もちあじ」も大切なものなのだとみんなで確かめあえたことに安心したのでしょう。「もちあじってやっぱすげぇー！」は、この人の思いがあふれた言葉だと感じました。ていねいに時間をかけて「もちあじ」の大切さを伝え、子どもたちが安心して自分の「もちあじ」を語りあえたとき、この安心は自分たちがつくったのだという自信で、教室がさらに安心な場になっていくのを感じます。
　「一人ひとりのもちあじは違うことが必ずあります。みんなのいろいろなもちあじがわかったような気がしました。みんなのもちあじがわかったことで思ったことが一つありました。それは、みんなのもちあじが一人ひとり違うので楽しいんだなあということです。先生が、……これからもずっともちあじ見つけをします……と言いました。わたしはホッとしました。これからもクラスのみんなのもちあじを知りたいからです」
　これを書いたのは、みんなと違っていることがあると気にして不安がっていた5年生です。この活動をとおして、違うのはあたりまえだと気づき、違うからいっしょにいるのだと思うようになりました。やればやるほど、自分のもちあじを見つけるのが楽しくなり、それぞれのもちあじは違っているから楽しいと思う意識が、友だちとのかかわり方を変えていきました。

「もちあじワーク」で大切にしたいこと

　「もちあじワーク」を実践する際に忘れてはいけないこと、心がけたいことをまとめています。「もちあじワーク」だけに限らず、集団づくり・人間関係づくりの実践に必要な観点も含まれています。また、よくある質問について、わたしなりに考えてお答えしています。ぜひ、実践の前に読んでみてください。

●「もちあじワーク」をする際に確認しておきたいこと

①「もちあじ」という言葉を、「自分をつくっているありとあらゆるもの」ととらえましょう。一般的な使い方の「もちあじ」というとらえ方をすると、「もちあじ」が「いいところ」になってしまいがちです。

②「いいもちあじ」「悪いもちあじ」と分ける必要はありません。「これはもちあじ？　これはもちあじじゃない？」と考える必要もありません。自分自身が、これは自分をつくっている要素だと思えば、それは「もちあじ」です。自分をつくっているありとあらゆるものが「もちあじ」ですから、すべての「もちあじ」を今の自分をつくっている大切なものととらえるところから始めます。

③**自己開示ですすめていくことが前提です。**「誰々さんのもちあじは……」と、他者のもちあじを語ることを目的としていません。自分と向きあい、自分の「もちあじ」にどんどん気づき、他者に伝えたいと思ったことを自分で伝え、仲間への信頼と尊重を確かなものにしていくワークです。「そうなんや。言ってくれてありがとう」と、友だちの自己開示を信頼と尊重で傾聴できる仲間の存在が、何よりも大切になるでしょう。

④「もちあじワーク」の場には、「安心のための約束」をおきましょう。安心できない場で自己開示はできません。うなずいて聴く、聴いたことはこの場にいる人だけが知っていることとする、自己開示するかしないかは自分と相談して決める（言うことを強いられない）という3つの約束をいつも確かめあってから始めましょう。詳しくは8〜14頁をご覧ください。

⑤**継続しましょう。**子どもたちが、おたがいに知ったことを活かしてかかわりあい、生きるチカラになる行動力をつけるところまで見とおして、学校全体でとりくみを継続すると、夢に向かって支えつながる学級集団に近づいていくことでしょう。

●「もちあじワーク」Q＆A

Q1 友だちに迷惑をかけるような行動は、「もちあじ」といえるのでしょうか。

A1 「もちあじ」は、その人をつくっているすべてのものととらえます。

　迷惑をかけていると思われている言動も、確かにその人がしていることなのですから、その人の「もちあじ」です。迷惑をかけているから「ダメ」といきなり決めつけてしまうと、決めつけられた人は、そこから前を向くのがむずかしくなります。決めつけの言葉には、その人を否定する暴力性が存在している場合もあります。「それが今のその人だ」と、その人の存在を大切に思うところから始めましょう。宿題をしてこないＡさんがいるとしましょう。すぐに大きな声で怒鳴るＢさんがいるとしましょう。Ａさんは宿題をしてこないからあかん、Ｂさんはすぐに大声を出すからあかんと、頭ごなしに「そのもちあじはダメだ」と決めつけるのではなく、今の状況をまずはいったん「今は、そういう状態なんだ。そのもちあじも含めてその人なんだ」と認識します。それから、「わたしはＡさんに宿題をしてきてほしいと思っている。でも、してこなければいけないはずの宿題をしていないのは、何かわけがあるのかもしれない」「Ｂさん、どうしたのかな。大声で怒鳴るのは何かきっとＢさんなりのわけがあるのだろう」と、相手の事情・思いを知ろうとします。そして、その思いが伝わるコミュニケーションを心がけて声をかけます。否定されたのではなく心配してくれているのだと感じる言葉かけです。そうすれば、頭ごなしに「ダメ」を突きつけたときとは違った反応が返ってくるかもしれません。今一度、その人の「もちあじ」を尊重するところから始めてみてください。

Q2 悪いことは悪いと厳しく教えたほうがいいと思います。「もちあじ」だからといって甘やかすのはよくないと思うのですが。

A2 甘やかすのではありません。尊重するのです。

　「悪いこと」「ダメなこと」というのは、それぞれの価値観によって違ってきます。自分の価値観や都合だけで「悪いこと」「ダメなこと」と判断してしまうと、悪くない「悪いこと」をつくりだしてしまうときがあるかもしれません。これは絶対に「悪いこと」「ダメなこと」だという自信があるときも、その自信のゆえん、つまり「悪いこと」「ダメなこと」だという理由をていねいに話しましょう。怒鳴って言いきかせるのは厳しさではありません。怒鳴り声で、相手を萎縮させることはできますが、納得させることはむずかしく、結局は同じことの繰り返しになってしまいがちです。静かに語り、相手の話も聴こうとする姿勢は、甘やかしではなく相手への尊重の気持ちをあらわします。してしまった理由を安心して話せてこそ解決方法も見いだせるのではないでしょうか。「悪いこと」と

「悪い人」をいっしょにしてはいけません。一方的な判断で決めつけたり、世間のモノの見方で人を評価したりすることを、わたしたちは子どもたちに伝えたいのではありません。まずは、今の自分を自分で知り、語り、わかりあうことから、人のつながりは始まります。「あの人はああいう人で、この人はこういう人で……」という他人の評価をうのみにして判断していると、とんでもない間違いをしてしまいます。

Q3 「いいところ見つけ」ではなく、なぜ「もちあじワーク」なのですか。「いいところ」を見つけてほめてあげると自尊感情が高まるのではないですか。

A3 「いいところ」を見つけてほめるよりも、その人の存在そのものを尊重することが、自尊感情を高めることにつながります。

　数えきれない「もちあじ」のなかには、周りの人から見てステキだなと思うものもたくさんあります。ですから、「わたしは〇〇さんのこんなところがステキだと思う」と伝えあえる関係づくりをねらいとしたとりくみには共感できます。けれど、授業で「いいところ」だけをとりあげて言いあってここちよくなっていても、そのあとの休み時間に「悪いところ」を言われて、落ち込んだりもめごとに発展したりする実態があるとしたら、「いいところ見つけ」で自尊感情が高まったとは言えません。授業で友だちの「いいところ」を見つけて発表しても、休み時間に「かげぐち」を言っているとしたら、集団づくりがうまくいっているとはいえないでしょう。もしかしたら「いいところ見つけ」が、「いいところ」と「悪いところ」を決めつけや思い込みで分類する作業になっていたとしたら、たいへんです。「あなたのいいところ」と言われたところが、その人にとって、言われたくないところかもしれません。「いいところ」があれば「悪いところ」もあるのでしょうから、「いいところ」をあまり見つけてもらえなかった人は、自分には「ダメなところがたくさんある」と思い込んでしまうかもしれません。

　誰もがかけがえのない存在です。他者が語る「〇〇さんのいいところ」を参考にするのはかまいませんが、それに振り回されずに、自分と向きあったり、他者を見つめたりすることができる人になってほしいと願います。「もちあじワーク」では、その人がもっているすべての「もちあじ」を大切なものだととらえます。もちろん、自分の「もちあじ」がいやだと思うときもあるでしょう。そんなときは、かかわりあいのなかで、周りの人のチカラも借りながら自分の「もちあじ」を変化させたり、変化させることができないとしても、周りの人とのかかわりのなかで「ここにいていいんだ」と自己肯定感を高めたりすることができるのが「もちあじワーク」です。

Q4 「もちあじワーク」は、いつごろするのが効果的ですか。小学校1年生にはむずかしいですか。

A4 何年生でもどんな時期でも、継続しておこなうことで成果を感じるワークです。

　できれば幼稚園・保育園のころから「もちあじ」に親しみ、小学校、中学校と継続してとりくむのが理想的です。小学校では、入学してすぐに「呼んでほしい呼ばれ方」をしてはいかがでしょうか。今の呼ばれ方がうれしいかどうかを考えて、このクラスの仲間になんと呼んでほしいかを伝えあいます。月に1回は、「○月のわたし」と題して自分のことを見つめて書く活動もしてみましょう。4月は、自分の好きないろ、好きなあそび、好きなひらがな、好きなたべものなどをワークシートに描（書）いて伝えあいます。ひらがなの学習を終えるころには、好き・きらい、できること・できないこと、たのしかったこと・いやだったことなどをワークシートに書いて伝えあいます。ときには、好きなあそびを口々に言いながら集まったり、ある色から想像するものを言いながら集まったりして「違いと同じ」を楽しみます。誰も言わないようなものを考えるのが楽しくなってくると、多数側で安心していた人たちがオンリーワンをめざすようになります。また、あるときは、動物のなまえを書いたカードを配り、鳴き声を聞き分けながら同じ動物で集まります。同じ動物で集まっても、一人ひとり鳴き声が違っていたり、思い描いた動物のようすがさまざまだったりします。こういった活動をとおして、これまでの経験によって気持ちや考えが違ってくることを体感します。こうして、楽しみながら「もちあじ」を知っていきます。

　これらの活動は、高学年でも中学校でも活用できます。工夫次第で活動のレパートリーが広がるのが「もちあじワーク」です。大切なのは継続してやること。日常の何気ない会話に「もちあじ」という言葉が出てくるようになるといいですね。

Q5 「もちあじ」を知ってかかわりあうとは、どのようなことをいうのですか。

A5 「もちあじ」を知るだけではなく、日常生活のなかで安心して「もちあじ」を出しあい、学びあい、それぞれの生きるチカラにするのが、かかわりあうということです。

　縄跳びがにがてな人が、縄跳びが得意な人に「教えて」と言えば、「よっしゃ！」と得意な人が飛び方のコツを教えます。そうして、にがてだった人が跳べるようになったら、おたがいのもちあじが「みらいの種」（夢や可能性）の栄養になった、生きるチカラになったといえます。跳べるようになった人もうれしいし、教えた人もうれしいかかわりあいです。とくいなこと・にがてなこと、できること・できないこと、うれしいこと、困っていること、不安なことなどを出しあえるようになれば、かかわりあいは広がり、生きるチカラにつながっていきます。このあとのページで、かかわりあうためのワークをいくつか紹介していますので、ご覧ください。

Q6 かかわりあうときに必要なコミュニケーション力は、どうしたらつきますか。

A6 気持ちのあらわし方の違いを尊重し、自分の思いを「わたしメッセージ」で安心して伝えられる教室をつくることから始めましょう。

　気持ちは人によって違っていて、誰のどんな気持ちも大切で、気持ちに「いい・悪い」はなくて、気持ちの表現スタイルも人それぞれで、相手の気持ちを想像はできるけど本当の気持ちは聴いてみないとわからなくて、だからこそ、相手に伝えたいという思いで話すことも大切で……と、「きもち」のワークで子どもたちに伝えたいことはたくさんあります。

　気持ちを安心して伝えあうために子どもたちに学んでほしいのが「わたしメッセージ」です。他者の「もちあじ」について話をするときは、「わたしメッセージ」で伝えることが大切です。わたし発信の「意見」として伝えるのです。「このもちあじはいい」「このもちあじは悪い」といった決めつけた評価は「もちあじ」には馴染まないからです。

　もしも、誰かの言動が自分にとっては「やめてほしい」ことだとしたら、どうすればいいのでしょうか。「あなたのダメなところは、すぐに怒るところです」というのは、「わたしメッセージ」ではありません。「怒る＝ダメなこと」と決めつけています。すぐに怒ることはよくないと思い込んで話をしています。それに対して、「わたしはその言い方が怖いので、もう少し小さな声でゆっくりと話してくれませんか。そうすれば安心してあなたの話を聴くことができます」というのは「わたしメッセージ」です。わたしの感じたことと相手への願いを言っています。この言い方には決めつけはありません。

　相手の「もちあじ」をいきなり否定すると一方的な通告になってしまいます。そこから豊かなコミュニケーションを望むのはむずかしいでしょう。コミュニケーションで大切なのは、相手の思いを感じようとして聴くこと、自分の思いを伝えたいと思って話すことです。「もちあじワーク」では、「安心の３つの約束」のもと、①自分の気持ちと理由を伝える、②相手への願いを伝える、③相手の思いを聴く、④解決に向けて考え行動するというかかわりがおこなわれています。これがまさに「わたしメッセージ」です。自分のもちあじと向き合い、自分なりの「わたしメッセージ」でかかわりあう「もちあじワーク」を続けていくことで、子どもたちのコミュニケーション力も培われていくのではないでしょうか。そのために、まず教員が「安心の３つの約束」を意識し、守り、行動する人になりましょう。

「もちあじワーク」をすすめよう

　この活動の目的は、安心の場で自分の「もちあじ」を確かめることから始めて、おたがいの「もちあじ」を尊重しながら、さまざまな活動をとおして自分自身を見つめ直し、夢に向かって周りの人とかかわりあいながら変化していこうとするチカラをつけることです。

　子どもたちは、「一人ひとりのもちあじはみんなのたからもの」という意識を培い、かかわりあうことの大切さを学んでいきます。たからものであるはずの「もちあじ」を発揮できなくて、夢をあきらめ、自分はダメな人間だと思ってしまわないように、一人ひとりの自己肯定感を育むのはもちろんのこと、ピンチのときに助けあえる仲間とのつながりを築いていくことが、このワークの大きなねらいだともいえるでしょう。

　「もちあじ」を発揮できず夢をあきらめてしまう背景には、社会の偏見や差別があるかもしれません。社会に出たときに偏見や差別を見逃さずに自分なりの行動ができる、仲間とのつながりを活かして偏見や差別に立ち向かえる、そんなチカラをつけるための学習活動を学校全体でとりくめたなら、より大きな成果を得ることができるでしょう。さらには、小学校での学びを土台として中学校まで継続して実践がすすめば、インクルーシブ教育やキャリア教育の役割も果たせるのではないかと期待するところです（学校全体でとりくんだ小学校の実践記録が55～60頁にありますので、ご覧ください）。

　「もちあじワーク」の流れの一例を示しておきます。
① 「安心の約束」を確かめる（「安心の約束」については、本書1章で説明）。
② 「もちあじ」の意味を知る（29頁の 資料❷ 参照）。
③ 自分を見つめ自分の「もちあじ」を知る。
④ おたがいの「もちあじ」を伝えあう。
⑤ 一人ひとりには数えきれないほどの「もちあじ」があること、教室には多様なたくさんの「もちあじ」があることに気づく。
⑥ どの「もちあじ」も、その人をつくっている大切なものであることを認識する。
⑦ 一人ひとりの「もちあじ」がおたがいの生きるチカラにつながることを認識する。
⑧ 大切な「もちあじ」が尊重されていないときがあることに気づく。
⑨ 「もちあじ」が、どんなときに、なぜ尊重されていないのかを考える。
⑩ 誰の「もちあじ」も尊重される方法を考え、行動する。

　では、いくつかのワークを紹介します。

ワーク② いろんな「もちあじ」を知ろう、感じよう

「安心の約束」を確認してから始めます（どんな「もちあじ」も尊重されることを体感できる、大切な約束事です。必ず確かめましょう）。ワークシートに自分の「もちあじ」を書き込みます。テーマは、子どもたちのようすに合わせて決めます。次のようなカードを提示して、日替わりでテーマを変えてみたり、子どもたちに自由に選んでもらったりと、やり方も多様です。

からだのこと	すき・きらい	言うこと	すること	今までのいろんな経験
とくいなこと	にがてなこと	できること	できないこと	自慢したいこと
気持ち	気持ちの伝え方	家族や仲間のこと	不安なこと	楽しみなこと

あくまでも自己開示が原則のワークですから、決して「早く！」「必ず！」といった強制はしません。「もちあじ」が思いつきにくいときは、担任の自己開示が有効です。先に担任が自分の「もちあじ」を語ると、子どもたちは自分の「もちあじ」を思い浮かべやすくなるでしょう。でも、その反面、担任の書いたことがらに気持ちが引っ張られてしまうこともあります。どのタイミングで、どの「もちあじ」を、どのような表現で担任が自己開示するかによって、安心度は大きくかわります。子どもたちのようすをていねいに観察しながらすすめていきましょう。

※「もちあじ」については、『教室はおもちゃばこ』（解放出版社）にも詳しく載せています。ご参照ください。

●「きょうのわたしがすきなもの」（ワークシート①）
　色や絵でも「もちあじ」をあらわせるように、就学前や小学校１年生の子どもたちのワークの際につくったものです。項目は、色・あそび・食べ物・本など比較的書きやすいものを選んでいますが、子どもたちの実態やそのときのねらいに応じた項目でやってみてください。低学年仕様ですが、活動そのものは対象学年を選びません。

●「すきなものいろいろ」（ワークシート②）
　すきなものがいっぱい書けるようにつくりました。家のイラストの上にある枠に項目を書いて、屋根の部分に自分のすきなものを書いて、壁の部分にすきな理由を書きます。タイトルを変えれば、「もちあじワーク」のいろんなバージョンのワークシートとして使えます。

●「きょうの（　　　）のきもち」（ワークシート③）
　「うれしい・いや」「とくい・にがて」「安心・不安」といった気持ちについて、自分と向きあうものです。項目による書きやすさの違いについて考えると学習が深まります。

●「わたしのもちあじいろいろ」（ワークシート④）
　「もちあじ」がたくさん書けるようにつくったものです。何度もやっていると「もち

あじ」を書くのが楽しくなるので、いっぱい書きたい人にはうれしいワークシートです。具体的な6つの項目が書いてありますが、項目はそのときのねらいに合わせて変えてみてください。

● **「わたしのたいせつなもちあじ」**（ワークシート⑤）

　いろんな「もちあじ」を書くのに使えます。テーマを決めて書いてもいいし、自由に自分の「もちあじ」を考えて書いてもいいでしょう。なまえを真ん中の丸の部分に書き、右下の葉の部分はふりかえりを書く場所として使えるようにしています。花びらに1〜6の番号をつけるところから始めると、それだけで一つのワークになります。番号のつけ方が似ているようでもよく見るとすべて違うのは、これまでの経験やそのときの気持ちなどの「もちあじ」の違いです。同じ指示をきいても違うものを生み出す、多様な「もちあじ」のおもしろさを感じることができるでしょう。

資料②　「もちあじ」って なあに？

「もちあじ」の意味を伝えるときの参考にしてください。

○　人のからだのかたちは、人によって違っています。外から見たかたちだけでなく、からだの中のかたちもようすも人それぞれです。からだの状態によって、行動のようすや方法もさまざまです。世界にはものすごくたくさんの人がいるけれど、あなたのからだはたった一つ。ものすごく大切なものです。

○　うれしかったり、かなしかったり、つらかったり、はらがたったり……。人は、いろんなときにいろんな気持ちがわきあがってきます。その気持ちも人によってさまざまです。同じものを見ても、同じことをしても、同じ場所にいても、そのときの気持ちは、人によって違います。あなたの気持ちは、世界にただ一つだけの、ものすごく大切な気持ちなのです。

○　人は、いろんな経験をとおして成長しています。これまでに、見てきたこと、してきたこと、考えてきたことは、人によって違っています。今までの経験があって、今のあなたがいるのです。

○　からだ、きもち、経験、考え方、行動のしかたなど、あなたがこれまでに心やからだに蓄えてきた数えきれないほどの大切なものを「もちあじ」と呼ぶことにしましょう。世界に一人だけの大切なあなたをつくっているのが「もちあじ」です。

ワークシート①

なまえ

(）がつ
(）にち
(）ようび

きょうの　わたしが　すきなもの

いろ

あそび

たべもの

ほん

©OKIMOTO KAZUKO

ワークシート②

すきなもの　いろいろ　　なまえ（　　　　　　　　　）

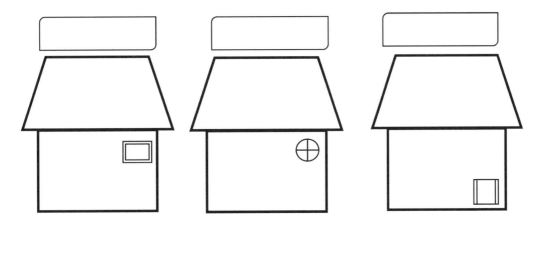
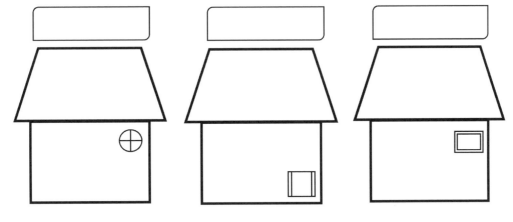
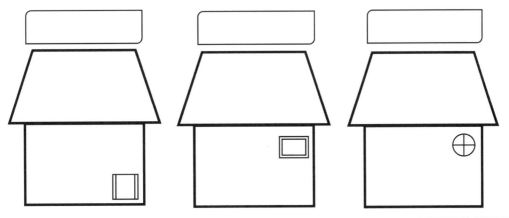

©OKIMOTO KAZUKO

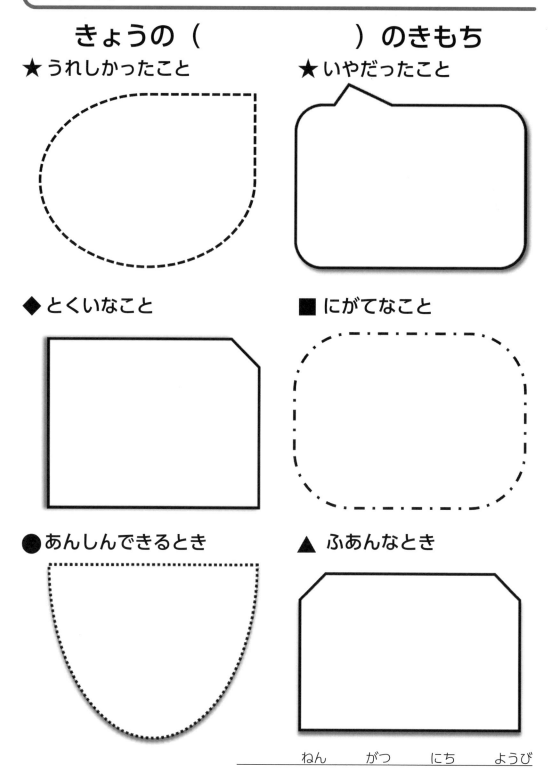

ワークシート④

わたしのもちあじいろいろ

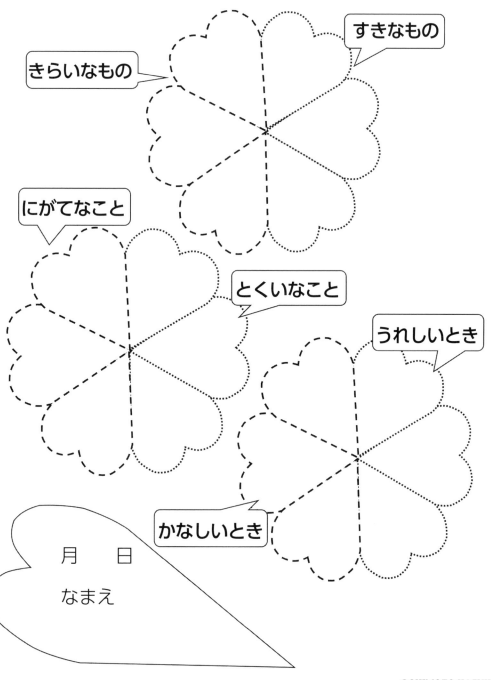

ワークシート⑤

わたしのたいせつなもちあじ

からだのこと　気持ちのこと　気持ちの伝え方のこと　好きなこと　きらいなこと
とくいなこと　にがてなこと　できること　できないこと　いままでのいろんな経験
自分の周りの人々　かかわりのあるコミュニティ　などなど……

自分のもちあじを花びらの中にかきましょう。

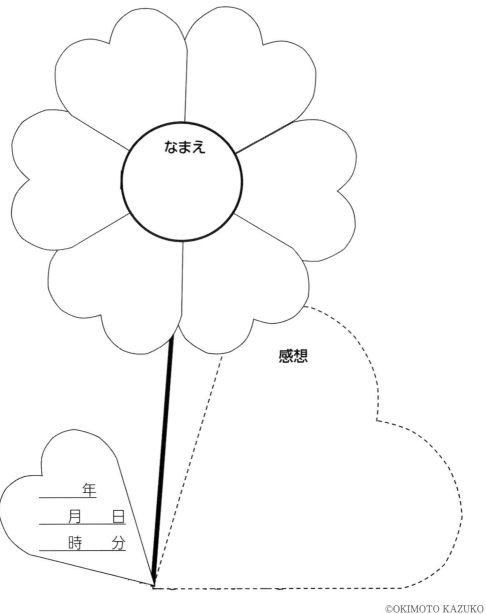

©OKIMOTO KAZUKO

34

ワーク❸ できること・できないこと

　誰でも、できることとできないことがあります。できること・できないことは、人それぞれです。何かをつくり上げていくときは多様な技能が必要ですから、すべてを一人でつくり上げるのが困難なことはいくらでもあります。さまざまな「もちあじ」の仲間がいるから、新たな豊かな発想も生まれます。子どもたちが、おたがいのできることやできないこと、得意なことやにがてなことなど、必要な技能にかかわる「もちあじ」や思いを交流しながら何かをつくり上げていけば、おたがいのことをより理解し、かかわりあいやすくなり、つながりを深めていくことができるのではないでしょうか。
　ここでは、折り紙を使った実践例を紹介します。

① **資料❸** などを活用して、つくり方をよく見てよくきいて、チームで声をかけあいながら協力してつくり上げる。
② つくったもので、チームであそぶ。
③ つくるときやあそんだときのことをふりかえり、必要な技能についての自分自身の「もちあじ」を確かめる（**ワークシート⑥**）。
④ 日常生活で、どんなことをどんなふうにやっているのかを考える（**ワークシート⑦**）。
⑤ ④の項目について、自分の「とくいなこと・にがてなこと」を確かめる。
⑥ おたがいの「とくいなこと・にがてなこと」を伝えあう。
⑦ おたがいの「もちあじ」の違いを、自分やクラスの強みにするために、どうすればいいのかを考える。
⑧ みんなで思いを交流する。

● **活動の際に、子どもたちに伝えたいこと**
○みんなが楽しいと感じることが目標です。
○誰もが自分のもちあじを発揮して精いっぱいやっていることを感じましょう。
○みんなができるまで、声をかけあったり、コツを伝えあったりしましょう。

● **授業者が子どもたちに問いかけたいこと**
○得意なことが誰かのチカラになりましたか。そのときの気持ちはどうでしたか。
○困ったときに、誰かにヒントをもらうことができましたか。そのときの気持ちはどうでしたか。
○みんなで声をかけあったり、気持ちを感じあったりしながら、できましたか。
○やり終えて、自分にどんなチカラがついたと思いますか。

資料③ おり紙でつくって遊ぼう「わっかひこうき」

①おり紙を半分に切る。

②一つを（ストローみたいに）細い筒にして、セロテープやのりで止める。
（鉛筆に巻き付けてつくると、簡単！）

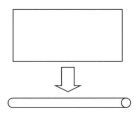

③もう一つをたて長に半分に切る。

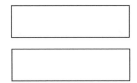

④②に③を図のようにセロテープかのりではりつける。

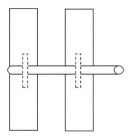

⑤はりつけた2枚をワッカにする。
　前のワッカのほうを小さくする。

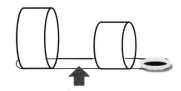

⑥前にゼムクリップをつけてでき上がり！

このあたりを持って、水平に軽く投げると、スーッと飛ぶよ。
時には、くるくる回りながら飛ぶことも……。試してみてね！

※ここでつくるものは、子どもたちの実態に合うものを選びましょう。高学年では、少し厚めの紙でつくる紙飛行機や、微妙な角度の調整が必要なブーメランなどもおすすめです。

ワークシート⑥

（　）年（　）組　　なまえ（　　　　　　　）

おりがみでつくってあそぼう

つくりかたをよく見て、よくきいて、チームできょうりょくしてつくりあげましょう。
つくったもので、みんなでたのしくあそびましょう。

(1) つくりかたはかんたんでしたか。
　　　（　）とてもかんたんだった　　　（　）まあまあかんたんだった
　　　（　）ちょっとむずかしかった　　（　）とてもむずかしかった

(2) あそびかたは、すぐわかりましたか。
　　　（　）すぐわかった　　　　　　　（　）まあまあわかった
　　　（　）ちょっとわからなかった　　（　）ぜんぜんわからなかった

(3) つくるのにどんなものをつかいましたか。

(4) 今日の学習で、できたことには○、できなかったことには△をつけましょう。

1	おりがみをおる	
2	はさみでおりがみをきる	
3	あそびかたをくふうする	
4	つくりかたのせつめいをきく	
5	せつめいのとおりにつくる	
6	わかったことをともだちにつたえる	
7	わからないことをともだちにきく	

(5) 思ったことを書きましょう。

©OKIMOTO KAZUKO

ワークシート⑦

( )年( )組　　なまえ(　　　　　　　　)

どんなことを どんなふうに やっているのかな

していること	必要なこと	必要なもの
(たとえば…) なまえを書く	えんぴつを持つ　字を知っている　字を書ける	えんぴつ　ノートなどの紙　書くばしょ（つくえなど）
①		
②		
③		
④		
⑤		

とくいなこと　　　にがてなこと

	とくいなこと	にがてなこと
①		
②		
③		
④		
⑤		

● 「とくいなこと・にがてなこと」を伝えあいっこしましょう。

● それぞれの「とくいなこと・にがてなこと」をおたがいのチカラにするには、どうすればいいのかを考えてみましょう。

©OKIMOTO KAZUKO

ワーク④ 自慢のススメ

　「もちあじ」で「自慢したいこと」を考えてもらおうとしたとき、「えー！　自慢なんかしたら、あかんやろ」という声がたくさん上がりました。日ごろ、「先生、○○さんが自慢してくる」とやって来る子どもたちに、「○○さん、どんなことが自慢なのかな。聴きたいなあ」「わたしも自慢したいことがあるねん。聴いてくれる？」などと返したら、「えー！　自慢なんかしたらあかんやん。○○さんを叱ってよ」と怪訝そうな顔。自慢はダメだと思っているようです。どうして叱らないとダメなのか尋ねると、「偉そうにされたから」「ばかにされたから」「いやな気分になったから」という返事。なるほど、ばかにしたように偉そうに話をされたら、「自慢話」じゃなくてもいやな気分になることでしょう。

　子どもたちの話を聴いていると、どうやら、自慢には、ずいぶんマイナスイメージがあるようです。ある辞典によると、自慢とは、「自分で、自分に関係の深い物事を褒めて、他人に誇ること」とあります。自分で自分を褒めるというのは、自尊感情を高めるうえで、とても大切なことです。自分自身のことを大切に思っていてほしい、自分のことが大好きでいてほしい、そう願いながら子どもたちと「気持ち」の学習をすすめているのですから、自慢は、自尊感情を高めるうえでもどんどんやってほしいことです。なのに、どうしてこんなにもマイナスイメージがあるのでしょう。

　辞典に書いてある自慢の意味の後半の「他人に誇る」というあたりにその理由があるのかもしれません。自分のうれしい気持ちを伝えるときに、自分と相手を比較して相手よりも優位に立った気持ちで話をすると、聴いている人は不愉快にもなるでしょう。「わたしって、すごいでしょう！」のメッセージのなかに「あなたよりもすごい！」が見えたとき、「別に聞きたくないわ、そんな話」と言いたくなるのかもしれません。

　他者との比較ではなく、自分に誇りをもって、うれしい気持ちを素直に言いあいっこして、褒めあいっこできれば、こんなに幸せなことはありません。喜びを分かちあうのは、とてもステキなことです。

　子どもたちの言葉のなかに、「うれしくて話をしたら、自慢してるやろ！って言われていやになったことがある。自慢ちゃうのに……」というのがあります。子どもたちは、「偉そうにしていばって言うのが、自慢」ととらえているようです。「うれしくて話をした」この人は、純粋にうれしい気持ちを伝えたかっただけなのですが、自慢だと言われていやになっています。このあと、うれしい気持ちを友だちに伝えにくくなっているかもしれません。もしそうなら、たいへんです。うれしいことを安心して話せる関係をつくっていくために、自慢の何をいやだと思っているのかを考え、自分が自慢したいときの気持ちと重ね合わせながら、決めつけや思い込みから子どもたちが解き放たれる必要を感じました。

子どもたちに「もちあじ」で「自慢したいこと」を考えてもらった際、自慢に対する日ごろの思いがどんどん出てきたので、やってみたのがこの「自慢のススメ」の活動です。すすめかたと実際の子どもたちの反応を記します。

①「自慢」と聞いて思うことを出しあう

　「自慢されたらいやや」「えらそうや。いばっていると思う」「自慢されたら、なんか腹が立つ」「自慢、やめてほしい。いやみ」「うれしくて話をしたら、自慢してるやろ！って言われていやになったことがある。自慢ちゃうのに……」と、自慢することもされることもいやだと思っている子どもたち。自慢のイメージは、あまりよくないようです。

②自慢されたときの気持ちを考える

　「自慢されたら腹立つから、自慢して言い返してやろうと思う」「その人の言い方によって気持ちが変わる」「ムカツク！」「○○持ってんねん。と自慢されたときは、いいなあとか思うけど、言葉では、だから（なに）？と言い返す」「イヤミみたいに自慢されるのがいやだ」「自分ができないことを自慢されたらいやな気持ちになる」というような意見が多く、「むかつくとも、いいなあとも思わない。どっちでもいいことだから、聞くのがめんどくさくなる」と、他人事だという意識の人もいました。

　その一方で、「○○できるねん、すごいやろ、て言われたら、すごいなあって気持ちになる。興味をもって聴く」という意見や、「よかったね、とか、すごい！とか言うけど、心のなかでは、だからなんやねん、とか、それがどうしたん？って思う。でも、相手の自慢がわたしも得意なことだったら、わたしもいっしょに自慢する」という意見もありました。

③「いま、どんなきもち？」の絵から、自慢をあらわす絵を見つける

　子どもたちが選んだ絵は7枚。ポスターでは、「やったー！」「えっへん」「うきうき」「るんるん」「どーだ！」「すっげえ」「すっきり」といった言葉が添えてある絵です。「こんな気持ちになることはあるけど、人に言ったら自慢になるからあかんねん」という子どもたちです。

『いま、どんなきもち？』『いま、どんなきもち？2』ポスター（大阪府人権教育研究協議会発行）より

④自慢したいと思ったときの気持ちを考える

「知ってもらいたい」「聞いてほしい」「うれしく楽しい」「このうれしい気持ちを伝えたい」「早く友だちに教えたい」「自慢されるのはいやだけど、自分がうれしいと自慢したくなる」というような意見がたくさん出てきました。

⑤自慢する側とされる側の気持ちをくらべて、自慢について考える

子どもたちは、おたがいの経験や思いを出しあってみて、自慢するときとされるときの気持ちにすれ違いがあることに気づきました。「味自慢」と書いてある飲食店には「なに？ 自慢？ そんなお店あかんやろ」と行かないのか、「のど自慢」に出る人に「えっ？ 自慢？ そんな歌ききたくないよ」と思うのか、などの話も出てきました。

⑥自慢について、今の考えを伝えあう

ここに挙げたのは、友だち関係で悩みを抱えていた子どもたちの感想です。気持ちの変化を読みとってみてください。

- ぼくは、ふりかえりシートに「言い方を工夫したら聴いている人もふきげんにならない」と書きました。気づいたことは、言い方をちょっと工夫したら、聴いていても不きげんにならんし、言ってるほうもぜんぜんいやな気持ちにならないということです。今日のキーポイントは、人に伝えるときは、自分に伝えるような気持ちで、相手を傷つけないことだと思います。「おれ、いいカード持ってるねん」と言われたら、前は「あっ、そう。自まん？」と一言で終わっていたけど、今は、こんな大切な授業をして気づきました。人を傷つけずに相手に気持ちいい言い方で返したら、自分もいやな気持ちにならないし、相手の心をいためることもしないですむ！

- 自まんって友だちになるきっかけかも⁉ 最初は自まんされたら「むかつく‼」って思っていたけど、言い方ひとつ聴き方ひとつで変わると思った。「いいやろ〜」とか言われたらちょっといややけど、「わたしうれしいねん、きいてきいて。」とかやったら全然OK。自まんされると自まんし返したくなるけど、自まんできるくらいの友だち関係が大切だと思う。これからは、友だちに自まんするときは、相手に気をつかいながらするのではなく、堂々と自まんしたい。友だちの自まんも真剣に聴いてみるといいかも。自まんは、もう、けんかの元にはならないかも。自分が真剣に相手の話を聴けば‼

- 「う〜ん。」とぼくが言ったのはこの時間だった。自まんされた時の自分の気持ちについては簡単でしたが、自まんする時の気持ちについては、すごく考えました。でも、やっとわかりました。人に自まんされた時に、もっと興味を持てばよかったなあと思いました。自まんする時は、「たのしい」とか「うれしい」っていう気持ちだけど、自まんされる時は、「ムカツク〜」とか「ふ〜んそうなん（それがどうしたん？）」とかの気持ちになってしまう。自まんを聴いたときの気持ちをもっと違うほうにもっていったらいいん

ちゃうんかな〜と思います。そして、もっともっと自まんができるクラスになりたいです。

- わたしは、自まんはいやなものだと思っていました。友だちの意見なども聴いていたら「自まんされたらムカツク。きく気がなくなる」という意見がありました。それは、わたしと同じ気持ちの人でした。でも、「自まんを、ふうん、そうなんや、いいなあ。と興味を持って聴く」という人がいました。そのとき、わたしは「なんでなん？」と思いました。でも、今日、少し自分の気持ちと向き合ってみました。今までの自分は、自分が自まんできたらうれしいのに、自まんをされたらとてもイラついて「ふうん、あっそ！」などと心の中で思っていました。今まで全然考えたことがなかったので、友だちが自まんをしているとき、ひどいことを言ってしまったと思います。だから、今日からは、真剣にきいて返事をしたいなあと思います。4年生のとき、友だちと自まんをしてけんかになったことがありました。そのとき、言い方が「あんたは」になってしまっていました。言い方は「あんたは」じゃなくて、自分の気持ちを「わたしは」で言っていたらよかったと、今、思います。

- ぼくは今までそんなに自まんをしたことがないのだけれど、でもやったとき返ってくるのはやっぱり「ふーん、それがどうしたん？」で、反対に自まんされたとき「ふーん、それがどうしたん？」と言ったら暴力を振るわれたりするので、あんまりかかわりたくないと思っていた。いちばんいやなパターンは、「おれ、リフティング100回できるで。おまえはできひんやろ」とか「こんなプリントで10分もかかってんの？ おれやったら5回できるわ。おそ〜。」とかです。こういう自まんをなくすには、ぼくが思うには、「人とくらべない」「友だちを悪く言わない」あと、「いやな言い方で返さない」ということです。それを作っていくのは、おたがいの気持ち。今まで自まんをしたりされたりした経験を考えて、初めて楽しい会話になり、それで、友だち関係が深くなったりする。だから、自まんを、聴く人がしっかり聴いて、「自まん＝いやなこと」というのがなくなるといい。

⑦「わたしのじまん」をグループで伝えあう（ワークシート⑧）

「安心の３つの約束」を確認して自慢を伝えあいました。その一部を紹介します。

●百人一首が五段です●ドラゴンボールのことは何でも知っています●正義の味方です●一輪車で空中乗りができます●お茶を習っています●ヒラメを釣りました●習っていない漢字でもだいたい読めます●口ぶえが吹けます●泳ぐのがすきです（小さいときは水が怖くて泣いていました）●いつでも涙を出せます●２年生の夏休みに流れ星を22個見ました●妹が生まれました●歌が上手に歌えます●トランポリンがじょうずです●走りが速くなりました（小さいときは、すごく遅かった）●ローマ字が得意です●笑顔が自まんです●鉄馬で自分より２センチ高いのに乗れます●いとこの犬がなついています●学校で悪いけど家

ではやさしくしてくれるねって言われます（悪いこともするけど）●空手でめずらしいとびとび級をしました●しゃべりかたがやさしいです●自分が飼っている鳥がしゃべります●朝6時前に起きられます●おりがみでかさを折れます●顔にえくぼが出ます●パンケーキをじょうずに焼けます●休み時間を楽しく過ごすことができます

⑧「わたしのじまん」をやってみて感想を交流する

　活動後の素直なひとこと感想です。
- 楽しかった。もう一回やりたい。
- Aさんは、今あんなに泳ぐのが速いのに、昔は顔をつけたら泣いていたということがびっくりしました。Bさん22個も流れ星が見れてよかったなあ～と思った。
- みんなの自まんが聞けてよかった。自分の自まんは、発表しなかったけど、みんなの自まんがよかったからよかった。
- 自まんを考えてたけど、まだ、ほとんど考えられません。
- 自まんは一つしか書けなかったけど、みんないい顔で自まんをしていた。これからも自まんをどんどんしていこうと思う。
- （自まんは）ちょっとしかないけど、そのちょっとがすごいんです。
- きょうはみんなで自まんを言いました。みんな言ったことは全部よかったです。
- 自分の自まんのいい方とかがわかったし、こんなに自まんできてうれしかったです。この授業、ありがとう。
- わたしの自まんをいっぱい書けてうれしかった。人の気持ちがわかるようになっていくかもしれなくて、うれしかった。
- 自まんした自分は気持ち良くなったけど、きいた人はイヤな気持ちになってないかな（ちょっと心配）。

⑨「じまん大会」をする（ワークシート⑨を活用して）

　学年で「わたしのじまん」大会をしました。おたがいをけん制しあっていた子どもたちが、自分のうれしい気持ちを人に伝えて心地よいと感じるようになったことは、とても大きな成果でした。日本の学校教育でもっと展開していく必要があるコミュニケーション力や自己肯定感を高める活動。この「自慢について考えよう。もっと自慢しよう」は、自分のことを安心して語ることができる集団をつくるのにはオススメの活動で、一人ひとりのコミュニケーション力や自己肯定感を高めるのにすごく効果があるのではないかと感じています。

⑩感想を交流する

　「じまん大会」をふりかえり、思いを共有しました。

●今日、自まんの発表会を5年生みんなでしました。ぼくは、みんなめっちゃ自まんあるなあと思いました。みんなが拍手とかをしてくれると、すごく気持ちがよかったです。やっぱりうれしいなーと思いました。すごくいい授業だったと思いました。
●音楽会で演奏する曲を音符も覚えて完ぺきにできることと言った瞬間、みんなが「すごい！　へぇ！」とか言ってくれてうれしかったです。わたしは、前に一度自まんして「へー、だから？」と言われたきり、自まんしなくなりました。でも、自まんを発表して自信がつきました。これからは、自然に自まんができたらいいなー。
●自まんサイコー！　久しぶりに自まんしたけど、自分の思いを伝えることって、みんなの情報ももらえるし、なんかうれしい。わたしにはわたしの明日があると思うと、何個でも自まんができて、人生サイコーって思う。他の人には伝わらない情報も5年の友だちには伝わるんだと思うだけで、なんかうれしい。
●自まんっていいな〜と改めて思いました。ぼくが言うとき、友だちが「水泳のことを言ったら」と言ってきて、「あっ」と思いました。ぼくは水泳が得意だったけど、忘れて書いてなかったので「それ書くの、忘れてた〜！」と言いました。自まんを言ったら、みんなが拍手とかしてくれてすごーくうれしかったです。ふだん自まんするときもこんなふうにしたらすごくいいと思うし、自まんしたほうもすごーくうれしいと思うから、ふだんから心がけていこうと思いました。

　表現方法によっては人を傷つけることがあるのは、自慢だけに限ったことではありません。自慢したい気持ち自体は悪いものではなく、その表現方法や気持ちを受けとる際の決めつけや思い込みがコミュニケーションをややこしくしているのです。誰のどんな気持ちも尊重しながら、おたがいの気持ちがよりわかりあえる表現方法を積極的に学びあうことが大切です。

　低学年のうちに「まほうのマイク」で「聴く」「話す」の大切さを理解し、そのスキルを身につけて、おたがいの気持ちの交流が安心してできる教室をつくっていくことで、子どもたちのコミュニケーション力は豊かなものになっていくと思います。子どもたちの自己肯定感は、一人の喜びがみんなの喜びになるクラスで大きく育つのだと思っています。「一人の喜びをみんなでたたえあえる」というのは、集団づくりの大きな目標の一つです。「えっへん！」と胸を張ると、「やったね！　すごいね！」と周りの友だちが心からの拍手を送る、そんなクラスをめざしていきたいものです。

　まだ、少し不安を抱えていたり、何を書いたらいいのか考えつかなかったりする人もいます。あわてずあせらず、ていねいに活動を積み重ねていけば、教室はもっともっと安心の場になると手応えを感じた活動でした。

ワークシート⑧

（　月　　日）　**わたしの　じまん**

｜年　　組｜
｜なまえ｜

> とってもうれしいことがあったときって、だれかに言いたくなるよね。
> 「すごいねえ！」「やったね！」「よかったね！」って言ってもらえたら、
> ますますうれしくなるよね。
> あなたがじまんしたいことを、まわりの人につたえてみましょう。
> 幸せをいっしょによろこびあえる友だちってすてき！
> おたがいのしあわせを語りあえる教室ってとびっきりすてき！！

1　じまんしたいことを書きましょう。

2　グループで伝えあいっこしましょう。

3　伝えあいっこして、思ったことを書きましょう。

4　じまん大会で発表することを決めましょう（決めづらいときは、友だちに相談しましょう）。

5　発表の方法について考えましょう。

©OKIMOTO KAZUKO

ワークシート⑨

わたしの じまん　発表計画シート

年　　月　　日　　なまえ（　　　　　　　）

①発表すること

②発表の方法

③用意するもの

④じまん紹介文

⑤目標

⑥計画を立ててみて

©OKIMOTO KAZUKO

ワーク⑤ 「ふつう」について考えよう

　人間関係づくりの活動をやり始めたころ、ふりかえりシートに、何人か、「今の気持ちはふつう。その理由は別にない」と書いていました。「ふつう」の気持ちがどんなものなのか知りたくなって、「ふつうの気持ちってどんなのかわかる？」とみんなに尋ねてみました。「うん、わかるよ。ふつーーーやねん」「いつもとおんなじ気持ち」「特に言うこともない気持ち」「まあまあってこと」と、口々に答える子どもたち。

　そのうちに「ふつうとか、いつもとおなじとか、まあまあとかって、人によって違うから、言われてもよくわかりません」「いつもとおんなじ気持ちでも、人によっていつもの気持ちが違うから、それを言わないとわからへんと思います」という意見が出てきました。また、こんな意見もありました。「ふつうの気持ちってあるんかなあ。気持ちカードにも"ふつう"なんていうカードないし」「ふつうと思ってもよく考えたら、ちょっとおもしろかったとか、ちょっと悲しかったとか、そのときによってちょっとずつ気持ちは違うと思うねん」。

　意見交流がおもしろくなってきたので、そのまま1時間、「ふつう」について話し合ってもらいました。その結果、これまで、ふりかえり用紙に「気持ちはふつう。理由は別にない」と書いていた人たちが、こんな感想を書きました。「わたしは、前までじゃまくさい時は、ふつうとか、別にないって書いていました。でも、先生が、どうしてそうなのかも書いてって言って、書くのがじゃまくさいからと書いたら、先生が、ちゃんと理由がわかってよかった、人はどんな気持ちのときでもその気持ちのわけがあるはずだから、と言ってた。書くのがじゃまくさかったのはどうしてか、その気持ちを考えていたら、どんなときでも気持ちって絶対あると思った。だから、理由が別にない、ということはないと思います」「いつもどおりとか、まあまあふつうって書くのはいいと思うけど、その気持ちが人によって違うから、いつもどおりがどんな気持ちなのかを説明しないと、他の人にはわからないと思います」。

　この意見は多くの人の共感を得たようで、その後、このクラスでは、ふりかえりシートに、「ふつう」「まあまあ」とか「別にない」と書く人はいなくなりました。

　少し話し合っただけでもこんなに気づきがあったので、**ワークシート⑩**をつくってほかのクラスでもやってみることにしました。こうしてできたのが、このワークです。

　「ふつう」という言葉や考え方は、おとなもよく使います。「1年生になったのだから」「6年生にもなって」「女の子なんだから」「男のくせに」なども、「ふつうはこうだ」という考え方から生まれる決めつけかもしれません。

　「ふつう、こうでしょう」と「ふつう」の枠をつくっていることはありませんか。一人ひとりの多様な「もちあじ」を尊重した言葉かけができているかどうか、おとなも今一度考えてみる必要がありそうですね。

ワークシート⑩

（　）年（　）組　　なまえ（　　　　　　　　）

「ふつう」について考えよう

1. 「ふつう」という言葉をどんなときに聞きますか。

2. あなたは日常会話で「ふつう」という言葉を使いますか。
　　（よく使う　　ときどき使う　　たまに使う　　めったに使わない　　ほとんど使わない）

3. 「ふつう」という言葉を使われて、いやな気持ちになった経験はありませんか。

4. 「ふつう」って誰にとっても同じでしょうか。考えてみましょう。

　（1）あなたの「ふつう」について、教えてください。
　　　① ふつう、何時に起きて何時に寝ますか。

　　　② ふつう、夜寝る前に歯磨きをしますか。

　　　③ ふつう、お風呂は湯船につかりますか。

　　　④ ふつう、給食はおかわりをしますか。

　　　⑤ ふつう、休み時間は運動場で遊びますか。ふつう、何をして遊んでいますか。

　（2）グループで、（1）で書いたことを語り合いましょう。

　（3）あなたの「ふつう」とグループの人の「ふつう」は同じでしたか。違いましたか。

5. 「ふつう」について、思ったことを書きましょう。

©OKIMOTO KAZUKO

> **コラム** 給食のおかずの量の「ふつう」

　ある日のことでした。その日の給食のおかずの量は、いつもよりもずいぶん少なくて、「もっと多くしてください」という人に、ほんのちょっとだけ量を増やすなどして、苦労しながらも工夫して配っているAさんを感心して見ていたところに、給食大好きのBさんがやってきました。「もっと多くしてください」。その声の調子をきいて、Aさんは、Bさんの食器に少し多めにおかずを追加しました。でも、Bさんは、「も〜っと多くしてください」とまだ不満なようです。Aさんは、「今日は少ないから。それが大盛り」と答えました。Bさんは「これが大盛り？　ふつうより少ないやん！」それをきいた周りの人たちが「それ、ふつうより多いで」「クラスで一番大盛りやで」と言うと、Bさんは不満ながらも席に戻っていきました。

　子どもたちは、給食を食べながら今日のおかずについて話しています。「今日のおかず少なかったなあ」「えー、これだけ！　と思ったけど、みんな少ないからしょうがない」「ぼくはちょうどやった。いつもこれくらい少なかったらいいのに。今日は全部、余裕で食べれた」「ちょっと増やしてって言ったらちょっとだけ増やしてくれた。Aさんありがとう」

　Aさんが笑顔になったそのとき、Bさんが「わたしのは、ふつうより少なかったのに、『大盛や』って言われていややった」と言いました。子どもたちの会話は続きます。「Bさんの思っている『ふつう』と、今日の『ふつう』は違うねん。今日はいつもの『ふつう』より少ないねん」「わたしも少なかったからいややった。Bさんの気持ちはわかるで。でもな、Bさんのは、わたしのより大盛りやってんで。よかったやんか」「ぼくは今日ぐらいが『ふつう』。毎日、今日ぐらいやったら残す心配もないわ」「わたしも」「人によって食べる量が違うから『ふつう』も違うんや」

　そこでBさん、「そしたら自分の『ふつう』でおかずを入れたらいいと思います」。「それはあかんやろ。Bさんの『ふつう』がぼくのふつう10杯分とかやったら、ほかの人のおかず、なくなってしまうやんか」。それにはBさん、大笑い。「『ふつう』は人によって違うけど、一人ひとりに合わせてたらややこしいから、配るときの『ふつう』と『大盛り』と『少し』は当番が決めてるんや」「Bさん、食べ放題とか行ったら、めちゃめちゃ得するんちゃう」。ここでもBさん、大笑い。周りの人も乗ってきました。「食べ放題って、ふつう食べすぎるやろ〜」「食べ過ぎるのが『ふつう』や」「食べ過ぎない人もおるで」「ほんま、『ふつう』は人それぞれやなあ」「味もそうやと思う。おいしいとか、ふつうとか、まずいとか言うけど、ほかの人が食べたら違うかも」。

　給食時間も残り少なくなってきたころ、隣の席の人が、「Bさん、いやな気持ちはどうなった？」。Bさん、「ちょっとなおってきたかも……」。

ワーク❻ 「もちあじ」を「みらいの種」の栄養にしよう

　子どもたちは、気持ちや意見の違いやできること・できないこと、とくいなこと・にがてなことの伝えあいは、自分自身の世界を広げることにつながるのだと知りました。「得意な人からもらったアドバイスで、苦手なことが、ちょっとだけいやじゃなくなった。教えてくれたことがすごくうれしかった。できないことは、友だちのチカラを借りればいいと思えるようになった」「教えてるとき、すごく気持ちがよかった。わかった！　と言ってくれたとき、もっと気持ちがよくなった。自分のもちあじが発揮するのが楽しくなりました」と、自分自身のチカラがアップしたことを実感した人もいます。

　また、素直に自分のうれしい経験を話すようになりました。友だちのうれしい話に共感することで、自分の気持ちに何かしら変化が生まれたと感じた人もいました。かかわりあいのなかから、自分の生き方を見つめ、おたがいの「もちあじ」を「みらいの種」の栄養にしていく「もちあじワーク」は、まさにキャリア教育だと感じた活動でした。

　わたしは、子どもたち一人ひとりがもっている可能性を、「みらいの種」と呼んでいます。「みらいの種」がどんな栄養を吸収して花開くかは、自分自身の気持ちと自分の周りの人々の存在が大きく影響しています。子どもたちに、自分の正直な気持ちと向きあい、ありのままの自分を見つめることの大切さと、周りにいる人たちが自分にとっていかに大切な存在であるかに気づいてもらうために、それを実感できる活動を積み重ねていくことが必要です。そして、この先、出会うであろうどんな集団・コミュニティにおいても、一人ひとりの「もちあじ」を確かめあい、尊重しあう人間関係を築いて、精いっぱい生きていってほしいと心から願います。

　このワークで伝えたいことやすすめかた、子どもたちのようす・感想などは、『教室はおもちゃばこ』（85 ～ 108 頁）に詳しく載せていますので、今回は、本書に掲載したワークシートを使ったすすめかたやエピソードを紹介します。

●「クラスのなかまに伝えたいもちあじ」（ワークシート⑪）

　知っておいてほしい・発揮したい・変化させたい「もちあじ」を伝えあうものです。言いたいけど言えずにいた「もちあじ」を伝える機会にもなります。低学年からここまで「もちあじワーク」を積み重ねてきても、伝えきれていない「もちあじ」はたくさんあります。ここまで関係を積み上げてきた今だから言えるという「もちあじ」もあるでしょう。このワークで大切なのは、「安心の場づくり」です。日によって子どもたちの関係性は変わります。ようすをよく見て「伝えたいことがある人」が安心して語れる時間になるよう配慮したいものです。

　6年生でこのワークをしたとき、自分のからだの不調を伝えたＡさん。体調がよくな

くて、運動会の練習に参加できなかったのだと。クラスの子どもたちは「えー、そうやったんや。そんなこと知らんかった。早く言ってくれたらよかったのに」と口々に言いましたが、「言えなかってん。夕方、調子よくて外で遊んでいたら、ずる休みやって……。だから、言うのが怖くなってん」。Aさんが言えなかった状況をつくったのは、勝手な憶測でうわさ話をしていた自分たちだったと知った子どもたち。この気づきは大きかったようです。「あれ？ と思ったときは、話をしよう。わけをきこう」という「クラスの安心ルール」を再確認する時間をつくっていました。

● 「（　　　　　）のみんなのもちあじ」（ワークシート⑫）

　グループやコミュニティにいる人たちの「もちあじ」を1枚のシートに出しあって、ここにはこんな「もちあじ」が集まっている、協力すれば大きなチカラになる、助けあえる、と確かめあう活動です。このシートは、4人グループを設定してつくっていますが、工夫次第で多様に使えます。用紙は、書きやすいように拡大して使います。

　（　　）には、グループ名やチーム名を書き込みます。　　　には、その時間に考える「もちあじ」のテーマを書きます。 すきなものいろいろ　とくいなこと　にがてこと などです。4人チームなら、4種類のかたちのどれかを自分のスペースにして、そこに順番に、テーマに沿った自分の「もちあじ」を語りながら書き込んでいきます（いきなりは書きにくいので、先に個人で考える時間をとります。付箋に書いたものを、順にスペースに貼っていくようにするとテンポよくすすめることができます）。スペースが「もちあじ」で埋まったら、できあがったものを見ながら語り合いをふりかえり、用紙の余白にそれぞれが感想を書きこみます。最後に全体交流をして活動を終えます。

　時間に余裕があるときは、大きな白紙とマーカーセットを渡して、もちあじを書き込むワークシートづくりから始めてもらうと、「協力するチカラ」（「チカラ」は「もちあじ」と同じニュアンスで使っています）にも気づき、学びがさらに深まります。

● 「もっているチカラ・ほしいチカラ」（ワークシート⑬）

　ワークシートの①には「もっているチカラ」、②には「ほしいチカラ」を書きます。このワークについては、すすめかたも子どもたちのようすも感想も『教室はおもちゃばこ』に詳しく載せていますのでご覧ください。今回のワークシートは、書き込むスペースの数を少し多くしています。書き込んだワークシートをもとに、「もちあじ」を交流してかかわりあう時間がメインとなる活動です。

　おたがいの「もちあじ」がおたがいの「みらいの種」の栄養になったと感じるここちよい交流の積み重ねが、多様性を尊重した教室をつくるチカラになることでしょう。

ワークシート⑪

クラスのなかまに伝えたいもちあじ

この仲間だから伝えたい、今だから言いたいと思った「もちあじ」を、伝えあいましょう。「安心の約束」を確かめて、「安心」「信頼」「尊重」の場をみんなでつくってから始めましょう。どれをいくつ書いてもかまいません。書けることだけ書きましょう。語って伝えるのもいいでしょう。

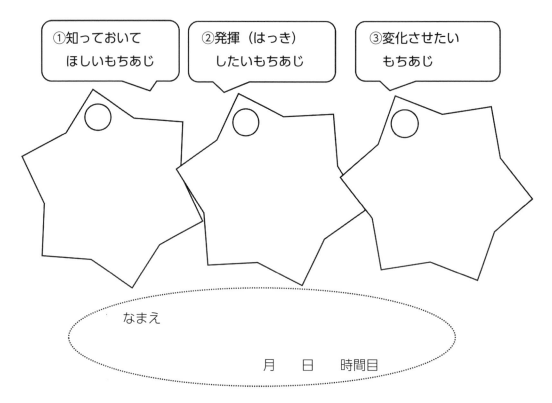

このもちあじを選んだ理由

1
2
3

©OKIMOTO KAZUKO

ワークシート⑫

（　　　　　）のみんなのもちあじ

メンバー

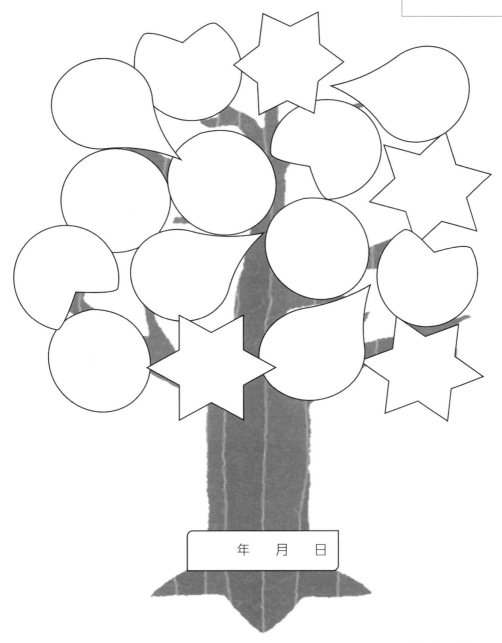

年　月　日

©OKIMOTO KAZUKO

ワークシート⑬

もっているチカラ・ほしいチカラ

■ ある小学校の実践

「もちあじワーク」を継続しておこなうことで、学年、学校全体へととりくみが広がり、子どもたちにとっても子どもにかかわるおとなにとっても予想以上の結果が生まれるのを実感しています。かかわりあいが「かかわり、愛」になる感じです。そんな実感を教職員の方からもよくききます。大阪府内の小学校教員Aさんも「もちあじワーク」を学校全体にひろげたお一人です。Aさんに学校のとりくみを語っていただきましたので紹介します。

●「もちあじ」をクラスづくりに

学級担任をしたときには、学期ごとに自分のもちあじを見つめ、友だちと交流する時間をもっていました。子どもたちは、自分のもちあじも友だちのもちあじもどんどん変化していくことに気づいていきます。「もちあじ」という言葉に、正解・不正解、良い・悪いではなく、相手を尊重する気持ちがベースにあると感じて、思いを伝えあっていました。

自分の存在も友だちの存在もかけがえのないものであること、だからこそ大切におたがいを思いあうことを、誰かに教えてもらうのではなく、心で感じ少しずつ自分のものとして育んでいっていることを子どもたちの姿から感じました。

集団のなかで誰にも遮られず、自分のもちあじを存分に発揮できることをとても大切なこととして、クラスづくりをしました。もちあじを消しあうのではなく、存分に発揮できるのは、とてもチカラのある集団だと思います。どんなことでも、みんなのチカラで乗り越えられる！　Aさんのあのもちあじ、Bさんのあのもちあじを絡みあわせ、また新たなもちあじが生まれる……そう考えると、無限に可能性は広がると思います。そこに「みんなでいる」意味を感じます。そして、そのような経験をとおして子どもたちは、友だちとつながりあうここちよさを感じるのだと思います。

●「安心ルール」づくりを全校で

わたしの学校では、"安心ルール""もちあじ"が、共通の言葉としてあります。この共通の言葉になるまでに、何年もかかりました。でも何年もかかったからこそ、その良さがあるように感じています。少しずつ、子どもたちのなかに広がっていっていく、深まっていく……それがいいなあと思っています。子どもたちの生活のなかに息づく「安心ルール」「もちあじ」になっているのをちょっとした場面で感じることがあります。「安心ルール」も「もちあじ」も、子どもたちの気持ちを出しあいながら、また生活を語ることを大切にしながらすすめてきたかいがあったと実感します。

学期に1回おこなっている全校人権集会で、6年前から、1・6年、3・4年、2・5年で

つくった小グループで意見を出しあう活動をとり入れてきました。そのときに、「安心ルール（うなずこう・ひみつを守ろう・パスOK）」を心にとめ、話し合いをすすめることを子どもたちと確認してきました。

　人権集会では、高学年がグループでのすすめ役や記録をするなど、低学年をリードします。「4年生になるとリード役ができる！」という意識が子どもたちのなかにあり、初めてリード役をするときには、子どもたちのやる気やドキドキする気持ちが伝わってきます。1学期の人権集会は、毎年4年生のがんばりが光る人権集会になります。

　数年前の1学期の人権集会に、「学校の安心ルールづくり」をしました。まずは4・5・6年生が、自分たちで思いを込めてつくった「クラスの安心ルール」を紹介しました。それから、各グループに分かれ安心ルールをつくっていきました。そのときに、なんと延べ239個の"安心ルール"が考えられました。6年生がやさしいまなざしで、「学校にどんなルールがあったら安心？」と投げかけ、1年生が迷ったあげく小さな声で、「魚の骨がない」と答えると、「そうやんなー、給食のとき魚の骨があったら、のどにひっかかるのいややもんな」と返していました。6年生が、どんな意見も大切に受けとめている姿がとても印象的でした。児童会役員で話し合って、出てきた安心ルールからいくつかを選んで「学校の安心ルール」をつくり、掲示委員会の子どもたちがステキに装飾して児童玄関に掲示しました。また、人権集会での経験を活かして、低学年も「クラスの安心ルール」をつくりました。児童玄関には、学校の安心ルールと全学年の安心ルールを掲示しました。

　そこにいるみんなで"安心の場"をていねいにつくり上げていく経験が、とても大切だと思いました。自分も安心をつくり出す一人だという思いをもつことができたら、そこにここちよい居場所があると感じられるのだと思います。

●「もちあじ」でつながる全校の子どもたち──各学年のとりくみ
1年生

　初めてのもちあじのワーク。安心ルールを伝えたあと、「わたしのもちあじを紹介するね。聞いてくれる？」と言いながら、一つひとつ伝えていきました。「顔にほくろがある」「三姉妹」「かばんの中から鍵を探すのが苦手」と伝え終わるころには、「わたしも書きたい！」「ぼくといっしょや！」など子どもたちのつぶやきがいっぱい聞こえてきます。「これ、全部わたしのもちあじ。もちあじは、たからものやねん」と伝えると、子どもたちは、「もちあじはたからもの」というワークシートに自分のもちあじをどんどん書き始めました。伝えたい気持ちがどんどん大きくなって、教室の中を思い思いに動き、友だちともちあじを伝えあっていました。

◎「もちあじ」ワークシートより

おにいちゃんがすき●手に赤いてんがある●学校の給食がすき●家族とずっといっしょにいたい●勉強が大好き●友だちが大事●ごうやが苦手●サッカーで勝ちたい●パティシエ

になりたい●野球がうまい●おこられることがいや●バナナがきらい●恐竜が好き●おねえちゃんがやさしくなってほしい●ピアノが大事●おかあさんと一緒のときぼくの心は安心●一輪車ができてうれしかった●バッタがちょっと苦手●赤ちゃんが大事

◎ふりかえりより
●楽しかった●もちあじをみつけると、うれしかった●みんなのもちあじをきいて、「やったー！」と思った●またやりたい●もちあじがいっぱい書けて、うれしかった●ねるまで、ずっともちあじをみつけていたい

2年生

　2年生も初めてのもちあじのワーク。1年生と同じように安心ルールを確認し、教員のもちあじ紹介をきいてから、自分のもちあじを書いていきました。"聴く"ことにも重きをおいて、ペアでじっくりもちあじを伝えあいました。

◎「もちあじ」ワークシートより
●海に行ったことがない●お母さんがいない●保育所のころ友だちが少なかった●動物が苦手●プールで泳ぐのがむずかしい●姉がきらい●トマトが苦手●学校に行くのがめんどうくさい●出したものは片づけない●実は暴力的●しゃべるのがきらい●歌がすき●走るのがきらい●車がこわい●自分がきらい●友だちが大好き●緑の野菜がきらい●兄ちゃんとけんかするのが大好き●水が大嫌い●よくおこられる●授業が苦手●カレーが好き●足にあざがある●歯がでかい●ジャンケンが強い●本が大好き●学校のトイレがちょっとこわい●悲しいことをきくとすぐに泣く●拍手をされるとドキドキする

◎ふりかえりより
●もちあじは楽しい。自分の思いどおりのことを書いてもいい●楽しかったです。なぜかというと自分のもちあじに気づいたからです●もちあじはやっぱりたからものです。すごい花だと思います。緊張したから早くことばを言いそうになりました●人に話すのは苦手だったけど、もちあじは自分のたからものだと思うと、なんだかもちあじがスイスイ頭からどんどんでてきて、やればできるんだと思いました。これからももちあじを大切にしようと思いました●もちあじを書いてみるといっぱいあるなと思いました。もちあじの中には、言いたくないものがあったけど、言えてよかったです

3年生

　「知ってほしいもちあじ」に、自分のおいたちや家族のことを書いている人がいました。安心ルールを確認したあと交流をしましたが、一人が家族のことを語り始めると、その後どんどんつながっていきました。授業が終わったあと、「家族のことを話されるとさみしくなる。でも今日、その気持ちを知ってもらえてほっとした」と伝えにきてくれた人がいました。

◎「もちあじ」ワークシートより
●気が長い●けんか弱い●人の物をすぐほしがる●すぐ泣く●ヤンチャ●自分大好き●長

生きしたい●運がない●二番目のお姉ちゃんが好き●弟にすぐ怒る●妖怪大好き●パズドラ大好き●阪神ファン●すぐきれる●けんか大好き●ちっちゃい子大好き●気が長い方でも家では気が短い●背中のホクロがでかい●髪の毛がよくのびるとくるくるになる●漢字が苦手●こそばされるとすぐに泣く●甘いの大好き●お城に住みたい●宿題なしがいい●スマホがほしい●犬大好き●危ない遊びを考えてしまう●よく動画を見る●夜8時30分から宿題を始める●家族が大事●イケメン●算数の計算が好き

◎**ふりかえりより**

●自分にうそをつかずに書きました●自分で考えてできなかったけど、楽しくなって思いついていっぱい書けました●自分が思っていたよりももちあじが多かったです。何個ももちあじがありました●初めて友だちのもちあじがわかって楽しかった。一緒に話すのは楽しかった●全然同じじゃなかったです●みんなそれぞれちがう心があったし、自分は自分、人は人の心があったことがわかっておもしろかった。最初は、「もちあじ」という意味が全然わからなかったけど、わかってからおもしろくなりました

4年生

　4年生は、自分をみつめ仲間のなかで自分を語ることができるようにと思い、授業を考えました。「みんなに話しておきたいと思っている人はいますか」の問いかけに、一人が話し出すと、どんどんつなげて話し始めました。書くことがとても苦手なAさん。いつもは「いやー、書きたくない」と言ってなかなか書こうとしないAさんが、自分の好きなことを枠からはみ出そうなくらい書き、「いっぱい書けたー！」と授業が終わったあとに見せにきてくれました。Aさんのお花の茎には、とげとげがいっぱいついていました。ワークシートには、そのときの子どもたちの気持ちがあらわれます。

◎**知っておいてほしいもちあじより**

●心配性と閉所恐怖症。小さい時によく一人にされたことがトラウマになったから●目の前で死にたいとか言わないでほしい。おじいちゃんが亡くなってからずっと「死ぬ」とか言われたら思い出しちゃうから●肌が悪いから、そのことでからかわないでほしい。そのことで何回もからかわれたことがあるから

◎**発揮したいもちあじより**

●ピアノが弾ける。9年間習っているからピアノのことなら聞いてね●空手の組手やかたができる●料理が得意。4歳ぐらいからずっと料理をしていたから●しゃべるのが大好き。お母さんに似ていてよくしゃべるから

◎**変化させたいもちあじより**

●積極的になりたい。いつもみんなの意見を聞いているから●すぐにキレる。いらついて●口が悪いから直したい。家族によく言われるから

◎**ふりかえりより**

●自分のもちあじを知ってもらってよかった。知られたくないことは書いていないけど、

自分のもちあじを知られてよかった●いろんなことがわかったから、それは心に残しておきたい。とっても人のことがわかったと思う●一人ひとり性格とか苦手、好物がちがってすごく不安でいやなこともあって、色々知ることができてよかったなぁと思いました。それで自分が苦手とか好きな物が言えてすごくすっきりした。また今度やりたいです●友だちのもちあじを知って、友だちのしてほしいところや、してほしくないところが知れてよかったと思いました。この時間で気持ちがほっとしました

5年生

　5年生は、4年生のときにもちあじのワークを2回しています。2回目には、自分のもちあじをラップにのせて表現する"もちあじラップ"をしました。3回目の今回、「知っておいてほしいもちあじ」で、Bさんは自分のからだのことをみんなに伝えました。聴いた思いをBさんに伝えようと、子どもたちの手が挙がります。「5年間ずっと一緒だったのに、知らなかった。話してくれてよかった。Bさんも安心すると思うけど、一緒にすごしているわたしも、気をつけようと思うことができて安心しました」。

　いっしょに過ごす仲間であるからこそ、知ってもらいたい。いっしょに過ごす仲間であるからこそ、知っておきたい。そんなやりとりが続きました。ふりかえりには、多くの人が「このクラスだから言えたと思う」と書いていました。

◎発揮したい・知ってほしい・変化させたいもちあじより
●静かなところが落ち着く●算数の面積と体積が好き●妄想大好き●緒方洪庵みたいになりたい●家族や友だちと一緒にいると安心●電車を見たら帰れない●あまり外で遊ばないから遊ぶようになりたい●本を書いている●太い本を全部読みたい●高いところが苦手●サッカーのことならなんでも知ってる●おこられるのも苦手●短気●なかなかかぜをひかない●左足をけられるとこまる●初めてやることは苦手で、むりやりさせられると泣きそうになる●宿題は最後の日にやることが多い●霊感がある●人のものをまちがって持って帰ってしまう●体が硬い●背骨が少し曲がっている●いい本を紹介できる

◎ふりかえりより
●一人ひとりさまざまなちがいがあると思った。いっしょにいても知らないことがあった。このクラスだから言えることがあると思った。これから相手の気もちを考えながらものごとをしようと思った●4年間も一緒にいるけど知らないことばかりで、もっともっとみんなのことを知りたいと思った。ちょっとはずかしいことでも言い合えるクラスっていいなと思いました●「へぇー」と思ったり、「え！」とか「いっしょや！」と思ったことがたくさんあったので、もっと分かりあえたらいいなと思った

6年生

　2学期の全校人権集会のテーマが「男女共生教育」でした。5・6年生を対象に、女性として生まれ、今は男性として生きておられるCさんから、「一人ひとりのもちあじは、みんなのたからもの」をテーマにおいたちや思いを聴きました。子どもたちは、「もちあじ」

という言葉の意味を前より深く理解し、性は二分できないことや、男らしく女らしくではなく自分らしく生きること、その生き方をおたがい尊重することを感じていました。

◎発揮したい・知ってほしい・変化させたいもちあじより

●スカートが苦手●野球が好き●男の子の服が超大好き●スカートがちょっときらいでスカートをはいているときに人に会いたくない●男子の色がすき●女子が男子になろうとしていた人の気もちがなぜかわかる●人前でしゃべると緊張する●ちゃんと探してないのに、「ない！」とさわぐ●おっちょこちょい●YouTubeが好き●洋楽が好き●よふかしが好き●歯医者が好き●集中力がすぐきれる●韓国のドラマが好き●家にいるのが好き●流行しているかぜによくかかる●人にストレートに強く言ってしまう●静かな人むり●夜のテレビが好き●忘れ物が多い●言ったり言われたりしたことをずっと思い込む●物をすてられない●スポーツなんでもできる●ボイパができる●タイピングが速い●家と学校で目を変えている●顔に出さずに心で早口で悪口を言っている●きょうだいげんかをしない●御父さん似のくせっ毛●持病はぜんそく●じっとしていられない多動●もう骨折したくない

　Cさんと打ち合わせでお会いする前の日の授業で、わたしは自分のもちあじに「明日Cさんと会うので、とても楽しみです」と書き、「性のあり方はひとそれぞれで、たいせつなもちあじ」だと伝えました。そのこともあったのでしょうか、DさんとEさんは、ワークシートに「自分の性のあり方」について書いていました。

◎ふりかえりより

●みんなのことがわかった。泣かずにちゃんとみんなに言えてよかった。私はみんなと変わっていて、どこかがちがうのが自分でいやだと思っている。けど、私と似ている人もいた。よかったと思った。みんなが書いていたやつは、ほとんど知っていることだった。ちょっと話すときいやだった●みんなには、それぞれ他の人にないもちあじがあって楽しかったです。同じもちあじをもっている子もいてびっくりしました。私はすべてみんなにうちあけられたから、なんか安心しました

　Dさんが、卒業する間際に手紙をくれました。そこには、安心ルールのこと、もちあじのことが書かれており、最後には、「中学校に行く勇気がでました」という言葉がありました。学校や社会の枠組みから、自分ははみ出ている、違っていると感じていたDさんは、ずっと自分の存在を受け入れることができずにいました。それがどれだけ苦しいことか、生きにくいことか、想像すると胸がおしつぶされそうになります。

　小さいときから自分のもちあじを見つめ、そのもちあじ一つひとつがたからものだというメッセージを、周りにいるおとなが送り続けることの大切さを感じました。もちあじを交流する時間を重ねていくことで、自分も友だちもかけがえのない存在であると感じ、おたがいを尊重する気持ちが育まれていくのだと考えます。ていねいに積み上げていく時間のなかで、子どもたちは少しずつ確実に育っています。

3 「男女共生教育」の実践へ
——もちあじの尊重から

一人ひとりの違いを尊重する学校づくりを

　学校では、子どもたちに、一人ひとりがかけがえのない大切な存在であることを伝えています。唯一無二のおたがいのもちあじを尊重すること、安心して思いを表現しあうこと、かかわりあいながらチカラをつけていくことの大切さを伝えています。

　けれど、その一方で、子どもたちは、社会の価値観による決めつけや思い込みもどんどん身につけていきます。ネットやゲーム、テレビ番組や映像、本や周りのおとなたちの言動が、「夢をあきらめないハート」や「新たな夢をもてるつながり」を育もうとしている子どもたちの前に立ちはだかり、自信を失わせたり、夢を奪ったり、考え方を混乱させたりしている現実があります。

　一人ひとりの多様なもちあじを尊重することからつながりが生まれ、安心してくらせる"場"がつくられていきます。わたしたちおとなは、そのことをよく知っています。でも、気づかないうちに、経験による決めつけや思い込みを子どもたちに発信してしまっていることはないでしょうか。自分の価値観を押しつけたり、子どもの気持ちを決めつけてしまったりすることはないでしょうか。いろんな感じ方があって当然の"気持ち（感情）"をおとなが決めつけてしまうと、子どもたちは自分の気持ちと向き合うことをしなくなったり、気持ちを出すことに憶病になったりします。「子どもだから」「女の子だから」「男の子だから」というような枠での決めつけは、子どもたちのこれからの生き方にまで影響を与えてしまいます。

　子どもたちにとって、保育所・幼稚園・学校は"人の数だけあるさまざまなもちあじをみんなが大切に思い、おたがいを尊重するあたたかい場所"であるはずです。子どもたちが、社会の決めつけや思い込みにとらわれずに、自分の感じ方・考え方を安心して伝えあえる場を築くことができるように、さらには、社会の偏見や差別に立ち向かうチカラを獲得することができるように、わたしたちおとなは、より意識して連携した実践を積み重ねていくことが必要です。それは、子どもたちの進路保障にもつながるものです。

●実践する前に教職員間で確認しておきたいこと

おとなの無意識・無自覚の言動が、子どもたちの思いを見えなくしてしまったり、違いを間違いにしてしまったりすることがあります。男女共生教育をおこなう前に、教職員の多様性を尊重する意識を高めるために、次のようなことを確かめあいましょう。

①「安心の３つの約束」を自ら実行し推進しましょう。

②「男女共生教育」で子どもたちにつけたいチカラを確認しましょう。他者を尊重するチカラ、自分の思いを伝えるチカラ、自己決定するチカラ、かかわり考え行動するチカラなどです。

③「学校文化」の意識チェックをしてみましょう。あたりまえだと思っていることを見直し、「隠れたカリキュラム」(学校のなかにある制度や決まり、慣行、さらには教職員の言動をとおして、知らず知らずのうちに子どもたちが学びとってしまう意識)に気づいたら、教職員間で話し合い、共通認識をもちましょう。

④**不必要な区別やカテゴリー化をやめましょう。**教室での机の配置、班編成、集会などの並び方、ロッカー・靴箱の場所、持ち物の形や色、なまえの呼び方など、これまでのやり方を見直し、実際に、子どもたちのもちあじを尊重した方法に変えていきましょう。

⑤**日々のくらしのなかの「無意識」や「決めつけ」を教材にしましょう。**身近なところに教材はあります。写真や絵、グラフや表などを使って可視化すると、気づかなかったところに意識が向き、思いを交流しやすくなります。アクティブラーニングをめざして、積極的に参加できる授業を学年チームで協力してつくり、全体で共有しましょう。

⑥「変わった！」という実感につなげましょう。教室の風景、トイレのようす、衣服や持ち物、着替えの場所、日常会話の言葉など、今まで学校にあたりまえにあった不公正な設備や習慣や規則を、授業後には公正なものに変えようとする動きがあったり実際に変化が見られたりすると、子どもたちは、考え行動することが変革につながると実感します。実感は自信となり行動するチカラとなります。すべての人のもちあじがあたりまえに尊重される学校づくりを子ども参画ですすめましょう。

「男女共生教育」につながる、多様なもちあじの尊重

　自分のことを、男の子は「ぼく」「おれ」、女の子は「わたし」ということが多いですが、これは、周りで使われている言葉づかい（文化）を学習した結果です。人は生まれ育っている環境で、その国や地域の多くの人たちが「女らしさ」「男らしさ」だと考えている文化を身につけていきます。そこには、社会的・文化的につくられた性差、社会的に期待された性別役割があります。それは、わたしたち一人ひとりの生き方や、人間関係に大きな影響をおよぼします。人を女性と男性に二分し、社会的な性別役割や「女らしさ」「男らしさ」を絶対的特性であるかのように思い込むのは、一人ひとりの多様なもちあじを尊重するのとは真逆の事態を招くことにつながりかねません。

　「女らしさ」「男らしさ」から生まれる抑圧や、「女」「男」に二分することから生まれる偏見・差別をつくりだしているしくみに気づき、多様なもちあじが尊重される社会をめざして考え行動する人に育ってほしいと考えたとき、「もちあじワーク」をできるだけ早くから継続しておこなう必要性を強く感じます。

　2章でも書いたように、「もちあじワーク」では、一人ひとり違っている身体、環境、経験、感情、思考、言動などを、「傾聴」「信頼」「尊重」という安心のなかでかかわりあいながら知りあい、「一人ひとりのもちあじはみんなのたからもの」だという意識を育み、誰もがあたりまえに尊重されるつながりを実感します。

　「もちあじワーク」で、子どもたちにつけてほしいと願う「安心できる居場所をつくるチカラ」（一人ひとりの違いを尊重し、思いを聴きあい、かかわりあい、ささえあい、解決に向けて協力して行動するチカラ）は、子どもたちの自信と夢を大きく膨らませます。決めつけられた枠組みに生きづらさを感じている子どもたちにとっては、「もちあじ」を尊重する仲間の存在は、大きなチカラになります。

　2015年4月に文部科学省が「性同一性障害に係る児童生徒に対するきめ細かな対応の実施等について」という通知を出しました。その文書には、学校での相談体制等を充実させるため、支援の事例があげてあります。これらの支援は、「性同一性障害に係る児童生徒だけでなく、いわゆる『性的マイノリティ』とされる児童生徒全般に共通するもの」だと明記もされています。学校では、今まで以上に「男女共生教育」や「LGBTについて」の研修会や授業研究がおこなわれるようになりました。こういった支援や研修・研究は、すべての子どもたちの「もちあじ」を尊重するためには、以前からあたりまえにおこなわれていなければならなかったことでしょう。

今、学校では、「4つの性」を示すなどして、多様な性のあり方をテーマとした「男女共生教育」の実践が広がり始めています。その一つが、①からだの性、②社会的・文化的な性（ジェンダー）、③性自認、④性的指向などを示しながら、「性のあり方・変化は人それぞれだということを知り、多様な性のあり方を尊重する意識や行動力を育む」というとりくみです。それは、「一人ひとり違う身体・環境・経験・感情・思考・言動など、その人がその人であるあらゆる要素『もちあじ』を尊重し、かかわりあいながらおたがいの生きるチカラにつなげる行動力を育む」という「もちあじワーク」のねらいと同じです。そこで、「性のあり方は多様」と「『もちあじ』は人それぞれ」を、下の表のようにまとめてみました。

性のあり方は多様	「もちあじ」は人それぞれ
①からだの性 生物学的な性別	身体　からだは、みんな違っています。特徴も能力も違います。誰のどのからだも、かけがえのない大切なものです。
②社会的・文化的な性（ジェンダー） その国や地域でつくられた社会的な性別役割や「女らしさ」「男らしさ」の文化	環境・経験　育ってきた環境も、今まで経験してきたことも人によって全然違います。一人ひとりをとりまく社会やコミュニティという環境や、そこでの役割や経験を積み重ねて、今の自分が存在します。 言動　言葉遣いや、ふるまい、しぐさ、よそおいなども、一人ひとり違います。社会からのメッセージでつくられるものもあるでしょうし、決めつけられたものに抗（あらが）いながら自分でつくりだしたものもあるでしょう。それらもすべて、あなたならではの大切なものです。
③性自認 自分の性別が何であるかの自覚	思考　ものごとに対する思いや考え方は多様です。同じ状況にいても、身体的特徴や育ってきた環境や経験、その人ならではの意識のあり方によって、抱く思いや考えは違ってきます。一人ひとりの思いは、尊重されるべき大切なものです。
④性的指向 性的に人を好きになるかならないか。好きになるのはどんな性の人か。性は関係ないのか。など	感情　人には、さまざまな気持ちがあります。何が好きで、何がにがてで、何に怒り、何に感動するかも、人によって違いますし、変化もします。誰のどんな気持ちも、その人だからこそ感じる大切なものです。

　59頁の小学校の実践〈6年生〉にあるように、「もちあじワーク」は「性の多様なあり方」の尊重につながります。「もちあじワーク」を早いうちから継続しておこなうことで、性のあり方を「もちあじ」の一つとしてあたりまえに尊重する意識が育まれると期待できます。

「男女共生教育」の実践

　子どもたちの「夢をあきらめないハート」を育てる「男女共生教育」の実践を、できるだけ早い時期におこない、継続していくために、さらに教材開発・実践研究をすすめていきたいものです。ここでは、わたしの実践から、確かな成果を感じたものをいくつか紹介します。

ワーク⑦　何色がスキ？

　就学前に過ごした環境によって、子どもたちの意識にはずいぶんと違いが見られます。持ち物や衣類、保育教材や掲示物に「女の子」「男の子」のイメージがあたりまえにある幼児期を過ごした子どもたちは、小学校入学時には、すでに「男の子らしさ」「女の子らしさ」を思い込んでいるところがあります。そこで、日ごろの生活にかかわりが深く自分の思いがあらわしやすい、「色」をテーマにしたワークをやってみました。

①もののなまえからイメージする色を考える（ワークシート⑭）

　果物や野菜など、誰もが知っていて色をイメージしやすいもののなまえをいくつかあげて、イメージした色を言ってもらいます。「バナナ」「レモン」「リンゴ」「スイカ」「ブドウ」「トマト」などは、ほとんどの人が同じ色をイメージするようにも思えますが、イメージする色が違うこともあるでしょう。さらには、「チューリップといえば？」「お気に入りの服の色は？」など、色を選択できるものについてもきいてみます。きっと、多様な意見が出てくることでしょう。子どもたちは、おたがいの意見を交流しながら、イメージする色・選ぶ色は、これまでの経験や気持ちによって人それぞれだと気づいていきます。少数意見を尊重する授業者の姿勢が子どもたちの気づきに大きく影響することでしょう。

　低学年は、ワークシートを使わずにすすめるといいでしょう。高学年では、ワークシート⑰を使うことができます。

②「いま、すきな色」を考える（ワークシート⑭）

　好きな色を口々に言いながら同じ色の人を見つけて集まり、自分たちは何色グループなのかを伝えあい、その色が好きな理由を一人ずつ発表します（中学年では、たくさんの色の折り紙から好きな色を選んでみるというのもやってみました）。何色を選ぶかは、その人の環境や経験、今の気持ちなどによって、違ったり変わったりします。同じ色が好きでも、選んだ理由はそれぞれ違います。好きな理由も尊重されるべき大切な「もちあじ」なのだと学びます。

③身近な持ち物の色について考える（ワークシート⑮）

　今、ランドセルは、色・デザインが豊富になりました。以前のように、女の子は赤、男の子は黒ではなく、かなり自由に色を選択できます。でも、まだどこかに無自覚な決めつけや思い込みはないでしょうか。

　そこで、子どもたちといっしょに、ランドセルを含めた持ち物の色について考えてみます。色の選択は人それぞれで自由だと思っていた3年生の子どもたちが、この活動後、「服の色は人それぞれでいいけど、ランドセルや手提げ袋の色や柄は、女の子・男の子で決めつけている感じがする」「男の子がピンクの筆箱を持っていたら、なんか言われそう」「自分は男の子で赤色がすきやけど、赤いランドセルを持つのは、なんかへんやと思ってしまう」「赤いランドセルが欲しいと言ったら、お母さんに『友だちにからかわれるで』って言われて、何となくそうやなあって思って、黒にした」「弟がわたしの傘を持っていこうとしたときに、『ピンクやけどいいん？』って何となく聞いてしまった」「青とピンクの袋に入ったお菓子をもらったとき、なんも思わんと妹にピンクを渡して僕は青をとった」という話がどんどん出てきました。誰のどんな色の選択も尊重するつもりでいるけれど、まだまだ自分たちのなかには、「女の子の色」「男の子の色」という意識があって、「なんとなく」行動してしまっていると気づいた子どもたちでした。

　子どもたちを「女の子」「男の子」枠に入れることから始めてしまうと、それだけで、自由に選択をしたい子どもたちは大きな制限を感じるでしょう。おとなの決めつけや思い込みが、子どもたちが本来もっている多様な豊かな想像力・創造力を狭めてしまうかもしれません。何色を好きでも、持ち物が何色でも、それは一人ひとりのもちあじで、尊重されるべきものだと伝えるために、まず、おとなが自分自身の思い込みや決めつけを自覚し言動を見直すことが大切です。そして、気づいたことは変えていきましょう。

　教室の掲示物の台紙やなまえの色を男女で分けていませんか。教材の色や柄を男女で分けていませんか（水彩用具・習字用具の入れ物、家庭科でのエプロン・バッグづくりの布など）。「女」「男」で二分する区別を、必要のないところでも使っていませんか。ロッカーや靴箱、教室の机などを、「女」「男」の区別で機械的に並べてしまってはいませんか。教育現場で配慮すべきなのは、「女だから」「男だから」ではなく、子どもたち一人ひとりのもちあじをしっかりと認識してその子の願いをかなえるべく支援できているかどうかだと思います。実践のたびに、教室や学校のなかにある見過ごしがちな思い込みや決めつけを、学年や学校全体の課題として解決に向けてとりくんでいきたいものです。

ワークシート⑭

(　　)年(　　)組　　なまえ(　　　　　　　　　)

すきな色いろいろ

1. 次のものから思い浮かべる色を書きましょう。
   ①バナナ（　　　　）②レモン（　　　　）③リンゴ（　　　　　）
   ④ブドウ（　　　　）⑤スイカ（　　　　）⑥トマト（　　　　　）

2. 思い浮かべた色を友だちとくらべてみて思ったことを書きましょう。

3. 次のものからは、どんな色を思い浮かべますか。
   ①　チューリップ　　　　②　山　　　　　　　③　着たい服
   （　　　　　　　）（　　　　　　　）（　　　　　　　）

4. 思い浮かべた色は同じでしたか。違いましたか。それは、なぜでしょう。

   同じ　　　　違う

5. 「今、すきな色」を1つ書きましょう。　（　　　　　　）
   同じ色の人は何人くらいいると思いますか。　（　　　）人くらい
   同じ色の人を見つけてグループをつくりましょう。

6. その色をすきな理由を語り合いましょう。すきな理由も聴きあいましょう。

7. ほかのグループの人の、色や理由を聴きましょう。

8. 今日の活動で思ったことを書きましょう。

©OKIMOTO KAZUKO

ワークシート⑮

（　）年（　）組　　なまえ（　　　　　　　　　）

持ち物の色

1. 自分の持ち物の色をたしかめてみましょう。（近い色でぬってみましょう）

えんぴつ　　けしごむ　　じょうぎ　　　　ハサミ　　　　ふでばこ

てさげバッグ　　　　　　ランドセル　　　　かさ

2. 上の持ち物の色は、自分のすきな色と同じですか。もしもちがうのなら、それはどうしてですか。

3. 持ち物の色をえらぶとき、「女の子だから」「男の子だから」と考えますか。

　　すごく考える　　　　　　　少し考える　　　　　　　ぜんぜん考えない

4. すきな色は人それぞれです。大切なもちあじです。それでも、持ち物の色を「女の子」「男の子」で区別する意識があるのはどうしてでしょうか。

5. 今日の学習で思ったことをプリントの裏に書いておきましょう。

©OKIMOTO KAZUKO

> **コラム** ランドセル

　二十数年前、わたしの子どもは青いランドセルを欲しがりましたが、当時はなかなか探すことができず、知り合いにお願いして深緑のランドセルを見つけてもらいました。学校に行くと、周りはみんな赤いランドセルなのでへこたれたときもあったそうですが、高学年の人に「いいね、ナウい」と声をかけられ、「これがいいって思う人もいるんだ。わたしはわたし、無理に周りに合わせなくてもいいや」と思ったそうです。

　画家のこうぶんこうぞうさんは、「赤か水色かピンクが欲しいと言っても、周りのおとなから、男の子は黒と決まっているから我慢しなさいと言われ、黒いランドセルをわざとガンガン打ち付けて壊した」と話しておられます（http://www.atelier-co.net/ をご覧ください）。

　カラフルなランドセルが売り場に並ぶようになったのは21世紀に入ってからのこと。そのころ、教室のランドセル置き場にも、赤と黒のなかにぽつぽつと茶色や青やピンクが見え始めました。なかにはデイパックスタイルのものもありました。店に並ぶ24色展開のランドセルは購入予定のないわたしにとっても興味深いものでした。

　現在はさらに色づかいやデザインが豊富になり、選択肢がかなり広がりました。しかし、選ぶときの「枠」は今も変わっていません。あるサイトを見ると、「まずは、性別を選んでね」とクリックボタンがありました。ランドセル販売のウェブサイトの多くに、「女の子」「男の子」のクリックボタンがあります（言葉を配慮して「女の子にオススメ」とか「男の子向き」としてあるところもあります）。また、「女の子」「男の子」どちらの枠にも「男女兼用」や「ユニセックス」という商品が入っていて、「男の子」枠からもビビッドピンクのランドセルにたどり着けるサイトもあります。販売側の考え方もさまざまなようです。

　「男の子用ランドセルは、丈夫で耐久性のあるものを使用しているのでアクティブな男の子でも安心。活発に体を動かしても体からずれないつくり」「女の子用ランドセルは、花やハートなど女の子がすきな定番モチーフを使用。小柄な女の子でも楽に軽く背負える」と宣伝文句が添えられているものもあります。この現状で、「男の子」が赤やピンクのランドセルを背負うのはまだまだ勇気がいることかもしれません。

　ランドセルを購入するのがむずかしい家庭もあるでしょう。女の子は赤、男の子は黒のランドセルを支給している市もあります。制服のある公立小学校もあります。

　何がいいのかはいろんなことが絡んでくるので判断がむずかしいかもしれませんが、すべての子どもが学校に安心して行き、安心して過ごすために、不必要な区別をしていないか、おとなの都合で決めていないかを、きちんと見直す必要があるのではないでしょうか。

ワーク⑧ 変だと思うのはなぜ？

　ランドセルの色や持ち物の色について考えていくうちに、「なんとなく色や持ち物や服装を『男』と『女』で分けて考えている。『女っぽい服』を男の人が着ていたら『変や』と思ってしまう。『女のもちあじ』『男のもちあじ』があると思っていた」という気づきと向きあえた子どもたち。変だと思う理由についてさらに考えてみようということになりました。理由がわかれば、自分たちの決めつけや思い込みにも気づき、誰のもちあじも尊重できる気持ちを育てることにつながります。村瀬幸治文・高橋由美子絵『ジェンダーフリーの絵本①　こんなのへんかな？』（大月書房）を参考にしてワークをつくりました（ワークシート⑯⑰のイラスト・伊東直子）。

①イラストを見て「なんか、変」と思うか、さらに理由も考える（ワークシート⑯）

　まず、ユウとヒロとケイのイラストを見て、「なんか、変」と思うところとその理由をあげていきます。子どもたちから出てきた意見は次のようなものでした。

　「男の子に見えるのにスカートをはいてる」（男はスカートをはかないから）
　「女の子なのか男の子なのかちょっとわからない」（顔と服が合っていないから）
　「男の子やけど、スカートとかハートのピンクの服を着ているからちょっとびっくり」（でも、そういう子もいるかも。人によって違う）
　「ヒロは男の子か女の子かわからない」（女の子やったらこの服はおかしくないけど、男の子やったらおかしい）
　「ユウがくまの服とバッグをコーディネートしてる」（コーディネートは女の子がしそうなことやから）
　「女の服だけど丸がり」（男の子が女の服を着ているように見える）
　「ケイは女の子なのにサッカーしている」（スカートはいてサッカーはしにくい）
　「へんやと思わん」（似合ってるかどうかは知らんけど、好き好きやから）

②男の子がスカートをはくのは変なことなのかを考える（ワークシート⑰）

　①で出てきたことを受けて、男の子がスカートをはくのは変なのかどうかを考えました。女の子がズボンをはくこととくらべてみたり、身近な男性がスカートをはいたり、身近な女性がズボンをはいたりしたらどう思うか、さらにその理由も考えてみました。

　　授業後の感想より
- おかしいということではないことがわかった。
- 男がスカートをはくのはおかしくないと思う。女の子もズボンをはくから。あまりいないから見なれてないだけ。

- 「おかま」ということばは、いい言葉じゃない。いい気持ちじゃないから、やめようと思う。
- 男の子がスカートをはくのはへんと決めつけていたけど、じっさいの他の国の人の衣装を見て、男の人もスカートをはくんだなあと思った。
- 真剣に話していたから真剣にきいた。
- いつもとちがうことを見たらびっくりするけど、それはよく知らないからだと思った。何度も見ていたらあたりまえになる。
- 男の子がスカートをはいていたら変だと思ったけど、外国でも日本でもスカートをはいている人がいるのでびっくりです。そうなんや〜と思いました。
- こんなことを考えたことなんかなかったからすごくなやんだ。でも、答えは、「どっちもへんじゃない」になった。
- 教えてもらってうれしかったです。むずかしかったけど、おもしろくて楽しかったです。
- みんな違うっていうことはわかっていたけど、自分が思っているよりももっとちがうってことが、今日わかった。

③「女性（女の子）」「男性（男の子）」のイメージについて考える（ワークシート⑱）

「変だと思うのは、自分たちのなかにそのイメージがないから」「イメージができたら変じゃなくなる」と気づきを確かめあった子どもたち。次の授業では、「女性（女の子）」「男性（男の子）」のイメージについて話し合ってみることにしました。資料❹に実際の授業の流れや子どもたちのようすと感想を載せています。ワークシート⑳にあるような流れですすめましたが、最後はこんな問いかけをして次時につなげました。

- 「女の子だから○○のはずだ」「男の子だから△△だろう」、さらには「Aさんなら□□にちがいない」と勝手なイメージで決めつけると、どんなことが起こると思いますか。
- イメージを周りに決めつけられたり、「もちあじ」を否定されたりした経験はありませんか。
- 個人や世間の思い込みで、その人のもちあじを決めつけたり否定したりが起こらないようにするには、どうしたらいいでしょうか。自分ができることは何ですか。クラスで確かめあっておきたいこと（「クラスの安心ルール」の確認）はありませんか。

　思いや感情を出しあうこういったワークでは、ワークをすすめるファシリテーターとしての教員が、ジェンダーバイアスから解き放たれることが大切です。経験を思い出すのがつらい人もいるでしょう。経験を語りたくなる人もいるでしょう。子どもたちの思いを尊重しながら、教員が「安心の存在」となってすすめていきましょう。

ワークシート⑯

（　）年（　）組　　なまえ（　　　　　　　　）

「なんか、変」？

(1) 下の絵を見てください。「なんか、変」と思うところはありますか。

ユウ　　　　ヒロ　　　　ケイ

(2) あなたが「なんか、変」と思うところをかき出しましょう。

「なんか、変」と思うところ	理　由

(3) 書いたことをもとにして、グループで意見を交流しましょう。

(4) 友だちの意見をきいて、自分なりの考えをまとめておきましょう。

©OKIMOTO KAZUKO

ワークシート⑰

( )年( )組　　なまえ(　　　　　　　)

「変」なのかなあ？

(1) 男の子がスカートをはくのって、変ですか。　それはなぜですか。

(2) 女の子がズボンをはくのって、変ですか。　それはなぜですか。

(3) あなたの知り合いの男の人がスカートをはいて来たら、どう思いますか。

　　あなたがスカートをはくのはどうですか。

(4) あなたの知り合いの女の人がズボンをはいて来たら、どう思いますか。

　　あなたがズボンをはくのはどうですか。

(5)　(3)(4)について、なぜそう思うのか、理由をいくつか考えてみてください。
①

②

③

「もちあじは、一人ひとりちがう」ということは知っていますね。
では、服そうは、どうなのでしょう。
次の絵を見てください。いろんな国の民族衣装の絵です。

スコットランド　モロッコ　スーダン　ブータン　インドネシア　日本

　世界中には、たくさんの人がくらしています。国や地域によって、くらし方はさまざまです。上の絵のように、男の人がスカートをはいているのがあたりまえの国や地域もあります。日本の着物やゆかたも、他の国や地域から見たらスカートに見えるかもしれません。

(6) 男の子がスカートをはくのは、変なことなのでしょうか。服そうについて、あなたの今の考えを書いてください。

(7) 意見交流をしましょう。

(8) 今日の学習で、気づいたこと・わかったことをまとめておきましょう。

©OKIMOTO KAZUKO

ワークシート⑱

（　）年（　）組　　なまえ（　　　　　　　　）

女性のイメージ、男性のイメージ

(1) 女性（女の子）、男性（男の子）のイメージをどんどん出してみましょう。

女性（女の子）のイメージ	○か×	男性（男の子）のイメージ	○か×

(2) 自分にあてはまるものに○、あてはまらないものに×をつけてみましょう。心のなかで考えるだけでもかまいません。

(3) ○をつけてみて、思ったことを書きましょう。

(4) 女性（女の子）、男性（男の子）のイメージとはいったい何なのかを話し合って、出た意見や自分の考えをまとめておきましょう。

©OKIMOTO KAZUKO

資料④ 実践より

3年生

　第1時で、女性（女の子）のイメージ、男性（男の子）のイメージを出しあって黒板に書き出しました。出てきた項目について、質問したり詳しく話を聴きあったりしながら、それぞれがどんなイメージをもっているのかを理解しあいました。この時点で、みんなで共有できたのは、①誰もが思う「女の子」「男の子」のイメージというものがある、②一方で、すごく違うイメージをもっている人もいる、③自分の身近な人のことは、世間のイメージと違っていてもおかしいと思わない、④知っていることでイメージするので、知らないことについてはおかしいと思ってしまうということでした。

　第2時では、第1時で出てきた項目が自分にどれくらいあてはまるのかを確かめ、イメージとは何なのかを話し合いました。まず、下の表で自分にあてはまるものに〇をしました。

（　）ドッジうまい	〔　〕集中力がある
〔　〕動物がすき	（　）走るのがはやい
〔　〕ごっこあそびがすき	（　）かみの毛をくくっている
（　）やんちゃ	（うちのお父さん）
〔　〕野さいがすき	（　）せが高い
〔　〕かみの毛がながい	（　）あまえんぼう
（　）運動ができる	〔　〕食べるのがおそい
〔　〕やせたいと思っている	〔　〕食べ物のすききらいが多い
〔　〕はたらき者	（　）おこりんぼう
（　）おかしがすき	〔　〕おとなしい
〔　〕音楽がとくい	〔　〕家事をする
〔　〕力がよわい	〔　〕りょうりがとくい
（　）サッカーがすき	〔　〕口が強い
（　）野球がすき	〔　〕泣き虫
〔　〕化しょうにお金をかける	（　）よくしゃべる
（うちのお母さん）	（　）明るい
（　）かみの毛がみじかい	〔　〕ようしゃない
〔　〕おしゃれ	〔　〕こんじょうがある
〔　〕字がきれい	（　）えらそうにする
（　）力が強い	〔　〕やさしい
（　）さぼり	（　）ダラダラする

　〇をつけたあとに、この項目は、第1時で出しあった女性（女の子）・男性（男の子）のイメージで、〔　〕は女性（女の子）のイメージ、（　）は男性（男の子）のイメージで

出てきた項目だと知らせました。すると、予想以上にたくさんの意見が出てきました。
- 女性の人が「女性のイメージ」に全部○がつくかといえばそうではないし、「男性のイメージ」の項目にも当てはまるものがあるし、イメージって何だろうと考えてしまいました。
- どちらかのイメージだけに○がついた人は一人もいなかった。イメージどおりの男・女はいないってことかと思ったけど、もともと出してきた項目が、クラスの人の自分勝手な考え。世間で言われている「女らしさ」「男らしさ」も勝手なイメージかもしれない。
- いったいイメージって何なん？　誰かが勝手に作ったもの？　自分で女やと思ったら女やし、男やと思ったら男、それでいい。
- 人につくられたイメージにあわせなくても、自分のありのままでいい。
- イメージは多数決で決められたもの？　もちあじは多いもん勝ちではないからイメージに当てはまらない人がいてもいい。
- もちあじは人それぞれだけど、男のもちあじ、女のもちあじはあると思っていた。今日、もちあじは男女も関係なく本当に人それぞれだということがわかった
- 自分のイメージで決めつけると、その人の考えとずれることがある。きずつけることもある。もちあじを大切にするには、イメージで決めつけないことだと思う。
- 女らしさとか男らしさにぴったり合う人はいないとわかった。みんな自分らしさを大切にしたらいい。自分らしさ＝もちあじと思う。自分のもちあじも知ってほしいし、みんなのもちあじももっと知りたい。

　子どもたちの思いを「つうしん」にまとめて、次の時間は、それを読みながら意見交流をしました。意見交流で出てきた子どもたちの思いを受けて、さらにワークを展開していきます。このころには、こちらからの問いかけも子どもたちの意識も、クラスによって変わってきます。時間の許す限り意見を出しあい、「クラスの安心ルール」が誰もの安心に結びついているか（教室が安心の場であるか）、この仲間のなかで自分のもちあじをどのように発揮するか、仲間のもちあじを尊重してかかわりあうためにどう行動できるかなどをとりくみのゴールにして、学年全体ですすめていきます。
　「もっと女らしくしなさい」「男なんだからそれくらいがまんしなさい」といった思い込みや決めつけから発せられた言動は、生き方や生命にまで影響を及ぼすのだということを、今一度、子どもたちとかかわるおとながしっかりと認識して、誰のもちあじも尊重される教室づくりのために、さらに、「生き方」を考えるワークにつなげていきましょう。

6年生

「女らしさ」「男らしさ」のイメージを各自で考えてワークシートに書き出し、グループで交流後、自分に当てはまるものに○をしてその結果から感じたことを出しあいました。

高学年になると、人の外見やしぐさ、性格や得意不得意を、世間一般の価値観に当てはめて意識することも多いので、書き出したものと自分のもちあじとのギャップから感じることもたくさんあったようです。ジェンダー意識や環境の影響などによる思い込みによって自信をもてていなかった子どもたちの、自己肯定感を高めるとりくみの一つになりました。ワークシートの記述と感想をいくつか紹介します。

女らしさ		男らしさ	
かわいい		かっこいい	
スカート		ズボン	○
ガタイが小さい	○	ガタイが大きい	
甘いもの		甘くないもの	
髪が長い		髪が短い	
ピンク		ブルー	○
化粧をする		化粧をしない	
あまり食べない		よく食べる	○
声が高い		声が低い	
ぬいぐるみ	○	たたかいごっこ	

女らしさ		男らしさ	
上品		強い	
髪の毛が長い		髪の毛が短い	○
行儀がいい		焼き肉大好き	○
自撮り		サッカー	○
アニメ	○	すもう	
ピンク		野球	○
甘いものがすき	○	青	
かわいいなまえ	○	かっこいいなまえ	
手先が器用		がさつ	
字がきれい	○	字がきたない	

女らしさ		男らしさ	
家事をする	○	仕事をする	
ピンク・赤		ブルー・青	○
やわらかい		かたい	○
ワンピース		ズボン	
バレーボール		サッカー	
走るのが遅い	○	走るのが速い	
レストラン	○	居酒屋	
ダイエット好き		いっぱい食べる	
すぐ怒る	○	怒ったら怖い	
甘える		カベドン	

女らしさ		男らしさ	
ケンカが弱い		ケンカが強い	○
子育てをする		仕事をする	
社員		社長・部長	
マネージャー		選手	
おしゃれ	○	眉毛が太い	○
行儀がよい		わんぱく	
髪が長い	○	ぼうずあたま	
ご飯をつくる		酒を飲む	
助手席		運転席	
守られる		守る	

●今まで男らしくない自分がいやだと思ったこともあるけど、この勉強をして自分は自分でいいと思えた●今まで、女は女、男は男と思っていて、ちょっと様子が違う人がいたらみんなも自分も笑っていたし、男子同士がなかよくしているとゲイと言ってからかったこともある。でも、もう絶対にからかわない。もちあじはみんな違うから、世間のイメージと違っていていいと思うから●友だちのことをよく知りたいと思った。悩んでいる人がいたら相談にのりたいし、できることをして助けたい●人はみんなそれぞれ違っていていい。これから自分たちが大人になったら社会（世間のイメージ）を変えていきたい●グラデーションというのが分かりやすかった。みんな違うということだ！と思った●男らしさ・女らしさがよいと思っていると、傷ついてしまう人がいることを知ったので、一人ひとりのもちあじを大切にしていこうと思った

ワーク⑨ 自分を生きる

　「一人ひとりのもちあじはみんなのたからもの」という思いを仲間とともに大きく育みながら、自分の生き方についても考え、なかまの「もちあじ」を自分の「みらいの種（夢や可能性）」の栄養にすることができたらどんなにステキでしょう。

　子どもたちには、自分の思いに向きあい、自分の考えをもち、自分の夢をかなえようと行動できるチカラをつけてほしいと願います。身の回りでありがちな決めつけや偏見に気づき、「もちあじ」を大切にする気持ちを確かなものにして、夢をかなえる行動力につながることをめざしましょう。

　「男女共生教育」の実践をとおして、子どもたちに獲得してほしいのは、次のような意識です。

◎服や持ち物や食べ物、スポーツや遊びなどの好みは、一人ひとりの「もちあじ」で、尊重されるものであり、「女」「男」で決めつけられたり、他者から否定されたりするものではないこと
◎性格・能力・役割・職業などを性別で決めつけるのは、「もちあじ」の尊重につながらないこと
◎自分の思い込みや決めつけに気づいたら、変わろう・変えようと行動すること
◎それぞれの夢をかなえるために、かかわりあい、励ましあい、支えあう仲間が必要なこと
◎「自分を生きる」とは、「他者の生き方を尊重すること」でもあること

　では、いくつかのワークを紹介します。

①この「ちがい」、どう思う？（ワークシート⑲）

　ワークシートに出てくる「ちがい」について考え、隠れている意識を揺さぶります。何気ない言動が相手のもちあじを否定することにつながっていることを知り、自分も社会にある決めつけや思い込みをもってしまっていることに気づけるワークです。ある学校の実践では、2の文章について次のような意見がありました。

　「さすが、って書いてあるからCさんは男の子だと思う」「女の子はだいたいスポーツがにがてだけど、Cさんはスポーツが得意な女の子で、さすが、ってほめられてる」「どちらもほめているからおかしくない」「自分はどっちを言われてもうれしいからOK」「男の子のCさんと女の子のDさんがなかよく遊んでいるところがいい」「女の子なのに、ってほめられてうれしいから、いい言葉だと思う」「女の子でもうまい人がいないと、男対女で試合をした時にずっと男が勝ってしまう」

　そんななか、少数のこんな意見に子どもたちの関心が向き始めました。

「なんで、女の子なのに、って言われなあかんの？ よぶんな言葉だと思う」「もしもJさんが男の子でからかってこんなふうに言われたのなら、いじめてることにもなる。とにかく、女の子なのに、とかは絶対にいらない言葉！」「女・男とかじゃなくて、人によって得意なものは違う」

話し合ううちに、ワーク8のことも思い出し、ボール遊びは男の子のほうがうまいというイメージをもってしまっていることに気づき、「あーあ、どうしてもそう思ってしまう」とがっくりしていた人も。「女らしさ」「男らしさ」の決めつけ意識は、相当根深いもののようです。繰り返しの実践が必要だと感じました。

②「あなたの夢はなあに？」（ワークシート⑳）

職業に男女別のイメージがあるかどうかを考え、自分の職業選択に活かすワークです。まず、今の自分の将来の夢・職業について考え、少し語り合ってから、女性の職業（仕事）、男性の職業（仕事）というイメージがあるかどうかを確かめてみました（「出会い」がイメージに大きく影響していると感じる場面です。自分の学校の校長が女性なら「校長先生は女の人」、養護教諭が男性なら「保健の先生は男の人」とイメージする人が多くいました）。

それから、いろんな仕事をしている人の写真とインタビュー記事を紹介します（可能なら、ご本人に教室に来てもらったり仕事場を見せてもらったりできる機会をつくりたいものです。そういった機会が何度もあればあるほど、その方々の仕事や思いが多様であればあるほど、進路保障につながるとりくみにもなります。子どもたちには、自分自身の夢をかなえて情熱をもって仕事にとりくんでいる方々の姿や思いにできるだけ多く出会ってほしいです）。

いろんな人の姿から、夢は自分の気持ちに正直に大きく描けばいいこと、夢をかなえようとする思いと支えあうつながりが大切なことなどを学びます。まとめとしてもう一度、自分の夢について考え、最後に「わたしの夢」を語り合います。

③一人ひとりの生き方を尊重しよう（ワークシート㉑）

「女らしさ」「男らしさ」にとらわれない生き方を考えます。64頁の表にある「性のあり方は多様」「『もちあじ』は人それぞれ」を理解するためにつくったものです。ワークシートというよりも、多様な性のあり方を知り、「性についてきちんと知る」ことの大切さを感じるための資料になります。「4つの性」や「LGBT」についての教職員研修でも使います。言葉の意味を理解することも大切ですが、一人ひとりの「もちあじ」を尊重し、かかわりあうことでつながっていく日常があたりまえにある学校にすることが最重要課題です。こういった授業を発展させて、学校にある不必要な性別による区別やジェンダー意識を学校ぐるみで見直していきましょう。

ワークシート⑲

( ) 年 ( ) 組　　なまえ (　　　　　　　　)

この「ちがい」、どう思う?

(1) それぞれの文章に出てくる2人は周りの人に言われることが違います。その「ちがい」はおかしいか、おかしくないか、考えてください。その理由も書きましょう。

番号	2人が周りから言われることの「ちがい」	この「ちがい」はおかしい	この「ちがい」はおかしくない
1	AさんとBさんが、おそろいの花柄のTシャツとピンクのスカートで登校。Aさんは「よく似合うね」と言われ、Bさんは「女の子の服着てる。変や」と言われる。		
2	ドッジボールがとくいなCさんとDさん。Cさんは、「さすがうまいね」と言われ、Dさんは「女の子なのに、うまいね」と言われる。		
3	消防士になりたいと思っているEさんとFさん。Eさんは、「すてきな夢だね」と言われ、Fさんは、「それは無理、やめとき」と言われる。		

(2) グループで交流しましょう。
　　意見が違うところについて考えを伝えあいましょう。

(3) グループで出た話を全体で交流しましょう。

(4) 思ったことをワークシートの裏に書きましょう。

©OKIMOTO KAZUKO

ワークシート⑳

( )年( )組　　なまえ(　　　　　　　　)

あなたの夢はなあに？

(1) 将来の夢は何ですか。なりたいと思っている職業はありますか。ある人は、書いてください。

(2) 女性の職業（仕事）、男性の職業（仕事）というイメージがありますか。
左の表のいろんな職業（仕事）について考えてみましょう。

女性	いろんな職業（仕事）	男性	女性	いろんな職業（仕事）	男性
	学校の先生				
	保健の先生				
	幼稚園の先生				
	家事				
	育児				
	美容師				
	電車の運転士				
	電車の車掌				
	パイロット				
	キャビンアテンダント				
	シェフ				
	パティシエ				
	プロサッカー選手				
	自転車店				
	フラワーデザイナー				
	消防士				
	カメラマン				
	すし職人				
	大工				
	ミュージシャン				

(3) 右の表にも、さまざまな職業（仕事）を入れて、考えてみましょう。

(4) 実際は、どうなのでしょうか。職業（仕事）のようすをビデオや写真で見てみましょう。

(5) 思ったことをグループで話し合って、まとめておきましょう。

(6) 実際に、いろいろな職業（仕事）の人の話を聴きましょう。
　　別のワークシートに聴きとったことや感想などをまとめ、意見交流をしましょう。

(7) あなたの夢、ふくらみましたか。将来の夢を教えてください。
　　できるだけくわしく書いて、おたがいの夢を語り合いましょう。

©OKIMOTO KAZUKO

ワークシート㉑

( ) 年 ( ) 組　　なまえ (　　　　　　)

一人ひとりの生き方を尊重しよう

一人ひとりの「もちあじ」はみんなのたからものです。
みんなでみんなを大切に思って過ごすために、一人ひとりの生き方を尊重するために、自分を見つめながら「もちあじ」についてじっくり考えてみましょう。

● 「もちあじ」を「女・男」「女らしさ・男らしさ」に重ねて考えてみました。

身体　からだは、みんな違っています。特徴も能力も違います。誰のどのからだも、かけがえのない大切なものです。

➡ 「女らしいからだ」「男らしいからだ」などという決まったものはありません。あなたのからだは、世界に一つだけのあなたの「もちあじ」です。

✤ 「からだの性」は、人それぞれで多様です。

環境・経験　育ってきた環境も、今まで経験してきたことも人によって全然違います。一人ひとりをとりまく社会やコミュニティという環境や、そこでの役割や経験を積み重ねて、今の自分が存在します。

➡ 女の子としての経験をしてきているか、男の子としての経験をしてきているかは、生まれたときに決められた性別によって違います。また、求められてきた「女らしさ」「男らしさ」も環境によって違っています。あなたが育ってきた環境・経験は、世界に一つだけのあなたの「もちあじ」です。その経験をよかったと思うか、いやだったと思うかも、尊重されるべき大切な、あなたの「もちあじ」です。

言動　言葉遣いやふるまい、しぐさ、よそおいは、一人ひとり違います。社会からのメッセージでつくられるものもあるでしょうし、決めつけられたものに抗（あらが）いながら自分でつくりだしたものもあるでしょう。それらもすべて、あなたならではの大切なものです。

➡ 「女らしい言動」「男らしい言動」という決まったものはありません。誰のどんな言葉遣い、ふるまい、しぐさ、よそおいも、その人が育ってきた環境や経験や感情や身体的特徴や価値観によるものです。あなたの言動は、育ちのなかで身につけてきた世界に一つだけのあなたの「もちあじ」です。

✤ 「社会的・文化的な性（ジェンダー）」（身につけてきた性別によるふるまい方など）も、国や地域などによって違います。

思考　ものごとに対する思いや考え方は多様です。同じ状況にいても、身体的特徴や育ってきた環境や経験、その人ならではの意識のあり方によって、抱く思いや考えは違ってき

ます。一人ひとりの思いは、尊重されるべき大切なものです。

　➡自分の性をどうとらえるかは、人それぞれです。生まれたときに決められた性別に違和感をもち、違う性で生きていきたいと思う人もいるでしょう。自分の希望する性とからだの性が一致するとは限りません。社会的に身体的にどのような性別でいたいのかも人それぞれです。あなたが自分の性をどう自覚するかは、あなたが考えてきた大切な思い、尊重されるべきあなたの「もちあじ」です。

　♣「性自認（自分の性をどう認識するか）」は、人それぞれ、多様です。

感情　人には、さまざまな気持ちがあります。何が好きで、何がにがてで、何に怒り、何に感動するかも、人によって違いますし、変化もします。誰のどんな気持ちも、その人だからこそ感じる大切なものです。

　➡「女らしい感情」「男らしい感情」というものはありません。「女々しい」（女性のようなふるまい➡柔弱・いくじなし・未練がましい）「雄々しい」（男らしくて勇ましい・いさぎよい・力強い）という表現がありますが、「もちあじ」にはなじまない言葉です。あなたが誰を好きになっても、あるいは誰も性的に好きにならなくても、その気持ちは尊重されるべきあなたの「もちあじ」です。

　♣「性的指向（どんな人を好きになるか）」は、人によって違います。

　こう考えると、わたしたちは、「女」「男」「女らしさ」「男らしさ」という決められた性別やジェンダーといった性に対する決めつけや偏見に縛られず、自分の「もちあじ」を大切にしながら自分を生きればいいのだとわかります。わたしたちは、一人ひとり違う個別の性を生きています。人の数だけ、違った性のあり方があるのです。

● **自分の性のあり方を考えてみましょう。**

> このあたりだと思うところに〇をつけてみましょう。わからないところ、つけたくないところ、考え中のところはパスしましょう。考えてみるだけでもかまいません。考えたくないと思ったら、友だちの話を聴くことに集中してみましょう。

身体	「からだの性」	<u>女性</u>	<u>男性</u>
環境・経験　言動	「ジェンダー」	<u>女性</u>	<u>男性</u>
思考	「性自認」	<u>女性</u>	<u>男性</u>
感情	「性的指向」	<u>女性</u>	<u>男性</u>

● **グループで気づきや思いを交流しましょう。**

©OKIMOTO KAZUKO

資料⑤　中学校での実践より

　1年生から3年生全員で「もちあじ」「安心ルール」「気持ちの伝え方」「自分らしさを大切にして生きよう」という内容のワークショップをしました。「わたしのもちあじ」を近くの人と交流もしました。周りに大勢の教職員がいるなかで、自分の思いを安心して出すのはむずかしかったと思いますが、感想用紙には素直な意見がたくさん書かれていたように感じました。

　「今まで、強制的に人としてのマナーを押しつけるおとなをイヤというほどたくさん見てきた。こういう考えを話してくれるおとなもいるんだと思いました」という感想は、以前知り合いからきいた「自分の性の違和感を先生に相談しようと思ったけど、消去法で考えていったら、全員消えた。信頼できる先生はいなかった」という話に通じるところがあると感じました。学校の先生たちは、子どもたちのためにと、ルールを決めマナーを教えています。子どもたちに信頼してもらえるおとなでいたいと常に思っているはずです。でも、どこかで行き違いがあるのでしょう。「子どもたちのために」と思うのは、もしかしたら自分の都合でそう思っているだけなのかもしれません。「子どもの立場で考える」「子どもの思いをわかろうとする」ことを忘れてはいないでしょうか。

　「たくさんの生徒のなかでどれが私だったかわからないと思うけど、ここにもちあじを書きます。知っていてください。こんなに自分のことを書いたのは初めてです」と「もちあじ」も開示してくれた感想は、子どもたちにとって、自分の「もちあじ」と安心して向きあえる時間がいかに大切で必要なものなのかを教えてくれました。自分と向きあうことで見えてくるものはたくさんあります。夢も、きっと、見えてくるはずです。たえず自分と向きあって、人を信じる心を育んで、夢に向かってあきらめないですすんでほしい！と願っています。

　そのワークショップで子どもたちに伝えた言葉をざっとまとめてみます。

　「こんな自分はいやだ」と思うことは、誰にでもあります。でも、どんな自分も、大切な自分。自信をもって自由に気持ちを言える自分も、自信をなくして落ち込んでいる自分も、どちらも唯一無二の「自分自身」。誰だって、自信をなくすときがあります。落ち込むこともあります。すべてのことを完ぺきにできる人なんて、どこにもいません。失敗や間違いは、あってあたりまえ。自信をなくしたとき、落ち込んだとき、自分で自分の気持ちをギュッ！　と抱きしめてみましょう。せいいっぱい生きている自分をいとおしく感じてみましょう。

　自分を大切にできるようになったとき、きっと、あなたは、誰の思いも大切に考えるようになっているでしょう。気がつけば、友だちに寄り添っているあなたがいるでしょう。あなたに寄り添う友だちの存在があるでしょう。

　でも、それには、安心が必要です。おたがいの自分らしさを尊重しあえないなかでは、

誰だってしんどいのです。不安のなかでは、本当の自分なんて出せません。

　気持ちは見えないから、疑い始めるときりがありません。だから、誰かに何かを伝えたいとき、自分を疑わないのです、信じるのです。いっしょにいる仲間を疑わないのです、信じるのです。信じあって、みんなで「安心」をつくるのです。

　それをカタチにしたものが「安心の３つの約束」です。安心のなかで「もちあじ」を出しあいかかわりあいながら、よりおたがいのことを知りましょう。そして、おたがいの「もちあじ」を自分のこれからの生きるチカラにつなげていきましょう。

　感想の一部を紹介します。
- ぼくは、安心ルールを作り上げることで、自分も相手も気持ちよくなると思いました。このルールを作り上げることは、決して簡単なことではないと思います。でも、一人ひとりがルールを作る気持ちになったらできると思います。そうしたら自分も相手も安心して過ごせると思います。
- 今まで自分を好きになるなんてこと考えたこともなかった。常に自分なんて嫌いだし、変わりたいと思っている。でも、自分を好きになれたら、他人も好きになれて大切にできるなら、少し努力してみようと思えた。自分のもちあじを考えてみたけど、何一つ浮かんでこない。もし、またいつかこんな時間があるなら、その時はすらすらともちあじが書けるようになりたい。まずは自分を大切に。これからの大きな課題だ。
- もっと自分を好きになりたいです。最近、自分らしさというものを見失っていたので不安でした。でも、見つけられる気がしてきました。見つけられたら、きっと自分を好きになれそうです。今までの自分をあまり好きではなかったことを、自分を好きになるためのステップだったと考えるようにしようと思います。今日の話を聴いて、小さな一歩だけど、踏み出せた気がします。
- 私は実際、今、友だち関係のことで悩んでいます。自分の気持ちをどう表せばいいのか、どう接すればいいのか分からなくて悩んでいました。でも今日の話を聴いて、気持ち的に楽になった気がします。安心ルールの「おー、へぇー、そうなんや」が心に残っています。一人で抱え込むとすごくツライんで、誰かに相談してみようと思いました。
- 落ち込んでいる自分が嫌でも、それが自分なんだということが心に響きました。私は落ち込んでいる自分が大嫌いでした。そんな自分を見ようとしませんでした。でも、今日の話を聴いてその落ち込んでいる自分を自分で受け止めてみようと思いました。好きになるまでには時間がかかるだろうけど、好きになれるように努力したいです。今はまだ自分をいやだという気持ちもあるけど、前よりずっと楽です。

　次頁に中学校で使ったワークシートの一部を紹介します。

ワークシート㉒

（　）年（　）組　　なまえ（　　　　　　　　　　）

自分を大切に

　わたしたちは、ときどき、わき上がってきた感情にまかせて行動してしまうことがあります。自分にもコントロールができない感情のもとでは、的確な判断がしづらくなっています。もしかしたら、相手の気持ちに気づけていないかもしれないし、自分の本当の気持ちを見失っているかもしれません。自分を大切にするために、そして、相手のことも大切に思えるように、自分について考えてみましょう。

〈あなたは、こんなことがありますか。チェックしてみましょう〉
1．相手が自分の言うとおりにしないと、腹が立つ。
2．相手の好みを押しつけられる。
3．「だまれ」「うざい」などと、相手を傷つける言葉を使う。
4．相手の言葉が暴力的で怖い。
5．相手の行動が気になって、しつこく問いただす。
6．言いたくないことまで、「言え」と脅かされる。
7．相手がほかの誰かと仲よくしていると、腹が立つ。
8．相手の嫉妬と怒りを恐れて、誰とでも仲良くできない。

　チェックしてみてどうでしたか。8個の項目は、友だちどうしにおいても、恋人どうしにおいても、できるだけなくしていきたいことです。おたがいの「もちあじ」を尊重し、信頼しあっていれば起こらないことです。
　1、3、5、7の項目のように、自分の感情にまかせて行動すると、知らないうちに相手の安心を奪っていることがあります。それは、相手を大切にしていることにはなりません。2、4、6、8の項目のように、相手の感情の爆発を恐れると、何でも相手の言いなりになってしまうことがあります。それは、相手を信頼していることにはならないし、自分を大切にしていることにもなりません。
　「暴力」で傷ついた人は、自分の気持ちと向きあうエネルギーをなくし、自分を守るために、相手の言いなりになることがあります。そんなときは、その人自身ではなかなか行動できません。気がついた周りの人が話を聴いたり、信頼できるおとなに相談したりする行動力が、その人を助けることにつながります。
　おたがいを大切にした生き方をするために、自分ができることはなにか、みんなでいっしょにできることは何かを考えていきましょう。

©OKIMOTO KAZUKO

4 行動力を育む実践へ
──多様なものの見方・考え方から

いじめや偏見に立ち向かう行動力を育むために

　これをしたらいじめがなくなるとか、これさえしておけばいじめは起こらないとか、これを知っておけば誰でもいじめを解決することができるといった万能のワークは存在しないのかもしれません。けれど、おたがいの違いを尊重する関係をつくりながら、自分たちができることを考え、行動するチカラを育てていく活動はたくさんあります。その活動を継続しておこなうことで、いじめを克服するチカラは確実に育まれていくと考えています。

　たとえば、次のようなめあてで活動を組み立てて、学年で、学校全体で、地域といっしょにとりくんでみてはどうでしょうか。

1. 安心の場を、みんなでつくっていくことを確かめあう。
2. 自分としっかりと向きあい自分の気持ちを自覚し、他者との違いを認識し、話を傾聴したり思いに共感したりしながら、おたがいの違いを尊重する。
3. いじめや偏見が生まれるメカニズムを知る。
4. いじめやもめごとの解決や味方になるために大切なことを確かめあう。
5. 身の回りで起こっているいじめやもめごとの解決に向けて、自分なりに行動する。

　この本で紹介しているものも含めて、これまでに実践してきた次のような活動は、上に示した組み立ての流れのなかに位置づくものです。

① わたしの安心・クラスの安心ルールづくり
　　（本書7〜17頁、『教室はおもちゃばこ』7〜24頁参照）
② いま、どんなきもち？
　　（『教室はおもちゃばこ』25〜37頁、『いま、どんなきもち？　実践のススメ』〔大阪府人権教育研究協議会発行〕参照）
③ こころの温度計
　　（『教室はおもちゃばこ』38〜41頁、『いま、どんなきもち？　実践のススメ』72〜75頁参照）
④ 怒りと悲しみのレベル　（『教室はおもちゃばこ』49〜52頁参照）
⑤ もちあじ
　　（本書18〜60頁、『教室はおもちゃばこ』60〜84頁、『多様性の学級づくり』〔大阪多様性教

育ネットワーク編、解放出版社〕41〜47頁参照）

⑥　事実と意見　（『多様性の学級づくり』72〜76頁参照）

⑦　うわさ・かげぐち　（本書91〜97頁、『多様性教育入門』〔大阪多様性教育ネットワーク編、解放出版社〕88〜93頁参照）

⑧　４つの立場
　（本書95〜97頁、『多様性教育入門』102〜107頁、『多様性の学級づくり』90〜97頁参照）

⑨　傍観者から味方へ　わたしにできること　みんなでできること
　（本書95〜97頁、『多様性教育入門』102〜107頁、『多様性の学級づくり』98〜103頁参照）

⑩　わたしメッセージ　（本書99〜105頁参照）

⑪　怒りの落ち着かせ方　（本書105〜109頁参照）

　いじめをなくすために、子どもたちに伝えたいことはたくさんあります。けれど、言葉だけの喚起になったり、表面的な同意で終わらせてしまったりすると、思うように伝わりません。それどころか、仲間づくり・集団づくりの活動そのものに興味をもたなくなったり、じゃまくさく思ってしまったりすることもあります。子どもたちがぐっと前のめりになるような教材を提供し、反応を見ながらていねいにすすめていきたいものです。

　興味がある教材を使うと、子どもたちはイメージがしやすくなり考えようとします。自分と重ねたり共感したりしながら、感情も揺れ動きます。自分とは遠く離れたところで起こっていることではなく、身近なこと・自分のこととしてとらえることができれば、解決に向けての思いも強くなっていきます。

　また、こちらからこうするべきだと行動パターンを示してばかりでは、一方的な押しつけを受けとる作業だけになってしまい、子どもたちは次第に興味や関心を示さなくなるでしょう。おたがいの意見を伝えあい、多様な考えや方法に気づき、試してみようと積極的に行動するチカラの育成を期待した展開を考えることが大切です。もめごとが起こるメカニズムや概念的な共通認識が育まれる教材で、子どもたちの意識変革をはかりましょう。

　たとえば、いじめやもめごとには、被害者、加害者、傍観者、観衆、味方、介入者、対抗者などといった立場があることを知ったうえで、それぞれの立場の意識を自分の経験に重ねて考えたり、多数側と少数側の気持ちの違いに気づき、非暴力を意識して、今までの自分の言動をふりかえり、これからいろんな場面において自分ができる行動を考えたりといった活動をおこなっていきます。子どもたちは、そんな時間の積み重ねのなかで、仲間とかかわることやつながることの大切さを学びとり、これからの行動を支える自信を得ていきます。自分のもちあじでできること、仲間でチカラを合わせてできることを語り合う時間が、子どもたちのいじめを許さない確固とした信念を育てていくのだと思います。

　こういった活動は、学年や学校全体でプログラムを考え授業としてとりくむことで、教

職員側の意識変革や自身、そしてチーム力向上につながります。教員側のやろうとする積極的な思いが、子どもたちの意識を変えていきます。

学校全体が安心の場であれば、子どもたちの思いがどの場でも尊重され、一人ひとりの自己肯定感は高まるでしょう。仲間と協力しながら自分なりの行動力をつけることで子どもたちは自信をもち、身近なもめごとが解決できたときの達成感が、さらに積極的にかかわろうとする思いを強めるでしょう。

いじめや偏見に立ち向かう行動力をつける場では、間違った決めつけや思い込みがまかりとおってはいけません。良い・悪い、優れている・劣っているなどの価値観をおとなが決めつけて無自覚に子どもたちに発信することが、いじめや偏見を生むもとになっているかもしれません。子どもたちとかかわるおとなが、まず、自分自身と向きあい、自分のもちあじを自覚して、誰のもちあじも尊重するところから始めましょう。子どもたちを信じ、あきらめずに継続してとりくみをすすめていけば、いじめをなくすために行動する確かなチカラが育まれます。

うわさやかげぐちのしくみを知り、解決に向けて行動しよう

うわさやかげぐちは、日常生活のなかにあたりまえのように存在します。ところが、その情報は事実ではないほうが多いくらいです。子どもたちには、聞こえてきたうわさやかげぐちを本当のことかどうかを見極めるチカラをつけ、うわさやかげぐちがもとで起こるいじめやもめごとを断ち切るチカラをつけてほしいと切に願います。

そこで、うわさやかげぐちのメカニズムを知り、うわさやかげぐちが広がりそうな場面に出あったとき、さらには、実際にいじめが起こっていると気づいたときに、自分に何ができるのかを考え、解決に向けた行動につなげるためのチカラを得ることをねらいとした活動をやっていきます。

まずは、うわさやかげぐちとは、どのようなものなのかを知ります。次のようなことを子どもたちに伝えましょう。

うわさやかげぐちとは、どのようなものでしょうか。

わたしたちの周りは、情報であふれています。あまりにもたくさんの情報があるので、どれが本当なのかよくわからないくらいです。そのなかで、気になる情報については、感情移入して誰かに話すこともあるでしょう。自分には関係がないと思う情報については、適当に、またはおもしろおかしく誰かに伝達することもあるでしょう。そのようにして人から人へと伝達されていく話題を「うわさ」といいます。本人が聞いたら不快に思ったり傷ついたりするような話を本人のいないところですると、「かげぐち」になります。

情報を伝達するときに、どんなことが起こっているのでしょうか。

　毎日どんどん入ってくる情報のなかには、「あれ、この話は本当なのかなあ。信じていいのかなあ」と思うような話題もあるのではないでしょうか。

　たとえば、あなたが見聞きしたことを誰かに伝えたとします。その人があなたから聞いたことを誰かに伝え、それをきいた人がまた別の誰かに伝えていくと、その話はうわさとなってどんどん広がっていきます。もしも、何日かあと、その広がったうわさがまたあなたのところに戻ってきたとしたら、数日前に自分が伝えた話とまったく同じ話が聞けるでしょうか。その可能性はほとんどないかもしれません。

　誰かに話を伝えるとき、次のようなことが起こるといわれています。

①**自分に関係があるかないか、興味関心があるかないかで、伝え方は変わります。**

②**いい話だと思って伝えるのか、悪い話だと思って伝えるのかで、言い方や表情が変わります。そうすると、はじめとは違う意味合いをもった話になってしまうことがあります。**

③**聞いた話を全部覚えてはいないものです。記憶に残ることは人によって違います。覚えていることだけを伝えるので、覚えていない部分は話のなかから消えていきます。そうすると、はじめとは違う話になっていきます。**

④**覚えていることでも、重要ではないと思ったことは省くことがあります。重要か重要でないかは個人の判断なので、誰かが誰かに伝えるたびに、元の話のいろんな部分がどんどん省かれていくかもしれません。**

⑤**忘れた部分を適当に話をつくって補ったり、相手の関心をひくためにわざと話を大げさにつくりかえておもしろおかしく話したりすることがあります。それが繰り返されると、元の話とはずいぶんと印象が違うものになっていきます。**

　以上のことを子どもたちに伝えたうえで、聞いた話がうわさやかげぐちかもしれないと思ったときに、どのように行動できるのかを考える学習につなげていきます。

　ここでは、『あの子』（ひぐちともこ作・絵、解放出版社）を使ったワークを紹介します。『あの子』は、メッセージ性の強い絵本です。文章はもちろんのこと、絵や文字の配置から感じることもたくさんあり、学年を選ばない教材です。集団づくりや部落問題学習をすすめるうえでもおすすめの一冊です。

ワーク⓾ 本当はどうなのかな？　味方になろう！

　うわさやかげぐちをうのみにして、その情報を広げることに無意識に加担してしまうことも少なくない日常。いじめに気づき立ち向かうためには、うわさやかげぐちが生まれ大きくなっていくしくみを知り、「本当はどうなのかな？」「そのうわさを広げることでつらい立場になる人はいないかな？」と立ち止まって考え、解決に向けて行動するチカラが求められます。

　何が本当なのかは、確かめようとしなければわかりにくいものです。確かめることなく、うわさをそのまま信じたり思い込んだりしてしまうときもあるでしょう。誰かの意見を事実だと思い込んだ自分の言動が、知らないうちに誰かを傷つけ不安にしてしまうこともあるかもしれません。不安にしたことすら、気がついていないかもしれません。

　このワークのねらいは、誰かが傷つくようなうわさやかげぐちを聞いたとき、「本当はどうなのかな？」と積極的に事実を確かめ、そのうわさやかげぐちによってつらい思いをする人がいなくなるように、自分はなにができるのか、クラスの仲間とともに何ができるのかを考え行動するチカラをつけることです。

①「うわさ」や「かげぐち」が広がっていくしくみを知る（ワークシート㉓）

　絵本『あの子』を使います。低学年では、この絵本を読み伝えたあと、心に残っているところを出しあいます。子どもたちの日常にあるようなお話で、絵や言葉の大きさやようすからも状況をイメージしやすいので、自分ごととして思いを活発に交流できる教材です。中学年からは、91〜92頁に記した、うわさ・かげぐちの意味や情報を伝えるときに起こることを知ってから、ワークシート㉓を使ってすすめていきます。ワークシートの（2）で出てきた意見をもとに意見交流を中心に展開していくのもおすすめです。「……」に込められた気持ちや、最後のページの絵があらわす状況を考えるだけでも、一人ひとりの行動を考えるきっかけになります。

②４つの立場を知って、いじめに立ち向かうための行動を考える（ワークシート㉔）

　ここでは、被害者、加害者、傍観者、味方という４つの立場を学習し、『あの子』に出てくる人物や言葉の立場を考えます。かげぐちを止めることができなかった立場は傍観者だと知り、止めようとする行動を邪魔しているものを明らかにして、これから自分ができること、クラス全員でできることを確認します。この活動をきっかけに「クラスの安心ルール」をつくったり、すでにある「クラスの安心ルール」を見直したりすると、「安心」と「つながり」がより強くなるのではないでしょうか。

ワークシート㉓

( )年( )組　　なまえ(　　　　　　　)

「うわさ」や「かげぐち」について考えよう

その人のいないところで、あれこれ言う話題を 「うわさ」 といいます。
その人のいないところで、あれこれ言う悪口を 「かげぐち」 といいます。

(1) 絵本『あの子』(ひぐちともこ作・絵)を読みましょう。

(2) 『あの子』を読んで、心に残ったこと、話し合いたいことを書きとめましょう。

┌─────────────────────────────┐
│   │
│   │
│   │
│   │
│   │
└─────────────────────────────┘

(3) 「うわさ」や「かげぐち」について、次のことを考えてみよう。

1. どうやって広がっていきますか。

2. 広がっていく話は、全部本当のことでしょうか。

3. その話が広がると、どんなことが起こると考えられますか。

4. あなたは、「かげぐち」を止めようと思ったことはありますか。

5. 「かげぐち」を止めようと思ったけど、行動できなかったことはありますか。

6. なぜ、止めることができなかったのでしょう。

©OKIMOTO KAZUKO

ワークシート㉔

( ) 年 ( ) 組　　なまえ (　　　　　　　　)

立場を知って行動につなげよう

●かげぐちやいじめが起こったとき、そこには次のような立場の人がいます。
あ 被害者（ひがいしゃ）　　きずつけられたり苦しめられたりした立場の人
い 加害者（かがいしゃ）　　誰かをきずつけたり苦しめたりした立場の人
う 傍観者（ぼうかんしゃ）　見ているだけで、解決のために行動しない人
え 味方（みかた）　　　　　もめごとを解決しようと、考え行動する人

(1) 『あの子』のお話に出てくる人物や言葉を、4つの立場に当てはめてみましょう。

あ 被害者（ひがいしゃ）	い 加害者（かがいしゃ）
う 傍観者（ぼうかんしゃ）	え 味方（みかた）

(2) 自分で選べない立場はどれでしょう。

(3) どの立場が増えれば、かげぐちやいじめがなくなっていくでしょうか。

(4) 『あの子』のお話のようなことが身近で起こったとき、味方になるために自分にできることを考えましょう。

(5) 「クラスの安心ルール」をつくって、かげぐちやいじめに立ち向かうためにみんなでできることを確かめあいましょう。

©OKIMOTO KAZUKO

資料⑥　実践より
　4年生のワークシートから
◉『あの子』を読んで、心に残ったことや話し合いたいこと
●「あの子といっしょにおらんほうがええで」という言葉がうわさのもとになっていると思う●きいただけなのに、どうして決めつけてるんやろう●「それはしらんけど、みんながゆうてん」は人のせいにしているからあかんと思う●どうして「それって、ほんまにほんまのほんまやの？」と思えたのかな。一人の言葉で、こんなにも変わるんだと思った●かげぐちが広がるしくみをもう一度みんなで確かめて、とめる方法を話し合いたい●ホンマにかげぐちが広がったときに、あの子に話しかけにいけるのか●（絵について）どうしてどれも同じ顔なのか●かげぐちが広がっているとき、あの子は、どこにいてどんな気持ちだったのか

◉「かげぐち」は、どうやって広がっていくのか
●人から人へと伝わって●てきとうにおもしろがって話が伝わっていく●無責任に広がる●かげぐちを言われている人の気持ちを考えないで話すから●うわさに入らないとあかんと思って無理にでも話をして広げる●なかよしの人の間でひそひそ話で広がる●どこから伝わった話かわからなくなって、それでも広がっていく

◉かげぐちが広がると、どんなことが起こると考えられるか
●気分が悪くなる●言われた人が生活しにくくなる●言われている人がそのことに気がついて心がきずついてしまう●広がっていじめにつながる●みんなの視線が来る●みんながその子に近づかんようになる●だれが言ったのか分からなくなる●かげぐちを言われた人がどんどんひとりになっていく●みんながかげぐちを信じる●安心できなくなる●仲間はずれ●まちがったことが広がる●一人対大ぜい

◉なぜ、かげぐちを止めることができなかったのか
●次は自分が仲間外れにされると思った●「はいってくんな」とか「なんやねん」とか言われていやになったりこわくなったりする●止めたら「いい人ぶってる」とか言われて、今度は自分がイヤがらせを受けるかもしれないし、次のかげぐちを言われるかもしれない●止めても無駄かもしれない●自分にはむずかしいから●無視されるから●まき込まれそうだから●対応の仕方がわからない●注意しても「うるさい」「だまれ」と言われて止められなかったことがある●もしそこで無理に止めたら逆にいじめられたり、かげぐちを言われてしまったりということになる●「なんなん。」「はあ。」とか逆ぎれされたらいやだから●仲間外れにされるのがこわい●勇気がなかった●友だちに何か言われたらいやから●こわかったから「そうなんや」って言った●これまでに止めようとして3回くらいかげぐちをいわれたことがあるから●一人ぼっちの人の味方になったら、おおぜいの人にせめられるかもしれない●強い人に逆らうのがこわかった●自分より強い人だったから●みんなに流される●理由を聞いて「そっか～」と思って、なっとくしてしまう●けっこうの

人にうわさがいっていたから

◉『あの子』に出てくる人物や言葉を4つの立場に当てはめてみよう

あ 被害者(ひがいしゃ)	い 加害者(かがいしゃ)
うわさされている人　あの子	うわさしている人 「あの子といっしょにおらんほうがええで」「わたしもきいたことあるわ」「だって、だれかがゆうてたもん」「ぼくもしってるわ」「いろいろ聞いたもん」
う 傍観者(ぼうかんしゃ)	え 味方(みかた)
止めようとしない人 「えー」「そうなん？」「ふうん」「へえっー」 「まじーっ？」「しらんかったわー」「しんじられへんなー」	本当かどうか確かめようとした人 「それって、ほんまにほんまのほんまやの？」 「だれかってだれが？」 「あの子とはなしてみたらええやん」

◉授業後のふりかえり（考えたこと・学んだこと）

●自分があの子なら、「こんなこと言われてるで」とか言われたら、言ってきた人もきらいになりそう。かげぐち言われている人にどんなふうに話しかけたらいいのかがむずかしいと思った●みんなと考えていて、無理なことはしなくてもいいけど、しらんぷりをせずに自分にできることを考えるのが大切だと思いました●自分一人では勇気は出ないけど、仲間がいたら「かげぐちはあかんで」と言う勇気が出ると思いました●みんなで勉強したので、声をかけやすいです。もし、自分がかげぐちを言ったとしたら、おもしろがる人がいなくて、「やめとき」とたくさんの人に言われたら、かげぐちを言ったことがいやになると思う。これまでかげぐちを言ったことがあるから、もう言わないようにしようと思いました●わたしはかげぐちを言われているときがありました。でも、もちあじとかを知って、自分は自分やと思っていました。今日、こんな勉強をしたので、びっくりしたけどほっとしました●かげぐちとか言われたくない。でも、自分も言っていた。かげぐちがなくなったら、びくびくしなくなるから、安心できると思いました●わたしは言い方がきついので友だちに注意されるときがあります。たくさんの人に注意されると、いじめられたみたいな気持ちになります。うっかり言ってしまうので注意はしてほしいけど、きつく言われたらいややから、やさしく言ってほしいです●勇気はあるけど、かげぐちを言われている子に一人で味方したら、何か言われそうでいやだった。でも、だれかといっしょに行ったら守れたかもしれない。

対立と非暴力を考えよう

　常に居心地のよい教室をつくるのは簡単ではありません。もめごとは毎日のように起こるし、対立が激化するときもあるでしょう。子どもたちよりもおとなのわたしたちが、「あーあ、いつになったら落ち着くのかなあ」とイライラしてしまうかもしれません。でも、おたがいのもちあじを尊重しながら、もめごとを自分たちで解決していこうとする心意気がある教室は、どんなにもめごとが起ころうが、子どもたちにとってはすでに居心地のいい場所なのかもしれません。「解決に向けてかかわりあうこと」は子どもたちがここにいっしょにいる大きな目的であり、学級づくりの秘訣だからです。

　一人ひとりもちあじが違うのですから、もめごとや対立が起こるのは当然のことです。「いつもなかよく」を目標にすると、不満や不安を心に閉じ込めてしまいかねません。つらいことやしんどいこと、腹が立つことやモヤモヤすることも出しあえる場こそが、「安心のある居心地のよい教室」です。

　ここでは、もめごとがこじれたり対立が激化したりする前に、おたがいが納得できる解決をめざして行動しようとするチカラを育てる活動を紹介します。納得できる解決をめざすのに必要なのは「非暴力」です。もめごとや対立にしっかりと向きあい、「非暴力」でていねいに解決していこうとする姿勢が、おたがいのもちあじを大切にした居心地のよい教室をつくっていきます。対立やもめごとは、「教室づくり」の栄養素です。じっくりと味わってみてください。しっかり向きあって見えてくる深～いところで、子どもたちの気持ちがつながっていくことでしょう。

●暴力が生まれるときを知り、暴力を生み出さない場づくりを！

　自分の感情だけで物事を判断して相手の立場や気持ちを考えずに権力を振りかざすところに、暴力は存在します。子どもとおとなの権力関係は明らかですから、おとなは常に非暴力を意識しておく必要があります。

　対立を恐れて自分の気持ちを押し込めてしまう状況が続くと、閉じ込めていられなくなった感情が、モノへ、他者へ、自分自身への暴力を生み出します。また、強要されていると感じると、自分の殻に閉じこもったり、相手をはねつける行動を起こしたりします。そうなると、相手の気持ちを感じようとする余裕も、自分の願いもわからなくなってしまいます。そんな不安が、暴力を生みます。

　からかいをコミュニケーションの一つにして、それが友だちのしるし、親しい証拠などと勘違いしていると、否定的な評価を受け入れるほうが楽になっていったり、「どうせ自分なんか」と自信がもてなくなっていったりします。学ぶ姿勢が消極的になり、自力で問題を解決するチカラもヘルプを出すチカラも弱まっていくので、ますます自信がなくな

り、そのいらだちからも暴力は生まれます。

　誰かと対立しても、相手のもちあじを尊重していれば、決して相手を全否定することはありません。対立の場においても、相手を認める気持ちがあれば、話をきちんと聴くことができ、自分の思いもきちんと伝えることができます。そうして、新しい情報を理解し、解決法を見いだしていくのです。そこには暴力は存在しません。暴力が生まれそうになっても、それに気づいた人たちが積極的にWIN・WIN解決に向けて動き出すので、大事には至りません。暴力を根本からなくすとりくみを継続することで、本当に誰にとっても居心地のよい教室はつくりだせると思っています。自分の存在、相手の存在をうれしく思う気持ちが、暴力をなくし対立を解決します。さらに、対立を解決する方法をたくさん知っていることが自信につながり、より積極的な解決への行動につながっていきます。

ワーク⑪　わたしメッセージ

①気持ちの表現スタイルは多様であることを知る（ワークシート㉕）

　大阪府人権教育研究協議会発行の『いま、どんなきもち？』『いま、どんなきもち？2』の32枚の絵の表情から気持ちをよみとり、自分自身の気持ちに重ね合わせ、友だちと気持ちを交流することで、多様な感情があると気づく子どもたち。その学習をさらにすすめて、感情の表現スタイルも人それぞれだと知るためのアイテムとして、「ぶたのハナ」というキャラクターで4つの感情の表現スタイルをつくりました。それらが複雑に混ざりあってその時どきの表現スタイルが生まれることを、ワークをとおして知り、自分自身の表現スタイルと向きあい、これからの自分の生き方につなげていきます。感情の表現の4つのスタイルについては、『こじれない人間関係のレッスン』（八巻香織著、太郎次郎社）を参考にしています。

②わたしメッセージを知ろう（ワークシート㉖）

　わたしメッセージは、I（Eye）メッセージ、I（愛）メッセージともいわれます。自分の気持ちとその理由、そして相手への希望を、相手の目を見て（相手の存在を意識して）、愛をこめて（思いが伝わるように心を込めて）語ります。語ったあと、今度は相手の思いや願いを聴きます。そのやりとりをとおして問題解決に向けておたがいができることをやろうと行動します。この問題解決に向けた行動までを「わたしメッセージ」ととらえてワークをつくりました。

　一人ひとりのもちあじを活かした「わたしメッセージ」のスタイルも、人それぞれであっていいと思います。ですから、あまりきっちりとした定義づけをしたり、使うことを押しつけたりはしません。「思いよ、届け！」と願いながら、気持ちを精いっぱい伝えあえば、きっと解決に向けての行動が見えてくることでしょう。

ワークシート㉕

（　　）年（　　）組　　なまえ（　　　　　　　　　　）

気持ちの表現スタイル

　一人ひとりもちあじが違うのですから、気持ちはもちろんのこと、気持ちを伝えるときの表情も、声の調子も、言葉の選び方も人によって違います。その表現スタイルは人の数だけあるといってもいいでしょう。自分のなかでも、時と場合や相手によって気持ちの伝え方が変わることはありませんか。

　ここでは、気持ちの表現スタイルとして4つあげてみました。これが複雑に組み合わさって、一人ひとりのその時どきの表現スタイルになっていると考えてみましょう。

①**ガオルス**（攻撃的な表現）
「あなたメッセージ」で、「あなたが○○した。あなたは○○だ」と相手のことを一方的にせめます。気持ちの理由や希望が相手に伝わりにくいので、誤解も生まれコミュニケーションがスムーズにいきません。

②**ビビリン**（受け身的な表現）
「とじこめメッセージ」で、自分の持ちを言わずに黙ってしまったり相手に合わせたりします。本当の気持ちを一人で背負ってしまうので、次第に不安と不満がたまり、さらに自信がなくなっていきます。

③**シラリー**（受け身的に見えて攻撃的な表現）
「だれかさんメッセージ」で、「誰々さんがあなたのことをこんなふうに言ってたよ」と自分の気持ちを別の人の意見のようにして伝えます。言ったことに責任をもたないので、うわさやかげぐちにもつながります。

④**スッキリ**（対等な表現）
「わたしメッセージ」で、「わたしはこう思う」と自分の気持ちの理由や相手への希望を伝えます。自分の思いを相手にできるだけわかるように伝えようとし、相手の思いもきこうとするので、コミュニケーションがとりやすくなります。

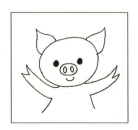

(1) ①〜④の表現スタイルに近いものを「あ〜え」から選びましょう。

 ①ガオルス・　　・あ　だって、みんなしてるやん。〇〇さんもしてたし。わたしだけじゃないけど〜。はいはい、わかりました。

 ②ビビリン・　　・い　うるさい！だまれ！
おまえのせいや！
あっちにいけ！

 ③シラリー・　　・う　ごめんなさい。でも、いきなりそんなふうに言われるのはいやだな。わけもきいてね。

 ④スッキリ・　　・え　あの……。うん……。
えっと……。
ごめんなさい。

(2) つぎのことを考えてみましょう

1. あなたは、どんなときにどんな表現スタイルになりますか。いろんな場面を思い起こして考えてみましょう。

   ・
   ・
   ・
   ・

2. 表現スタイルが、時や場所、相手によって変わるのは、どうしてだと思いますか。

3. 気持ちをきちんと伝えるためには、どんなことが必要でしょうか。

4. 相手に気持ちをきちんと伝えるために、あなたが心がけていることはありますか。これから心がけようと思ったことはありますか。

©OKIMOTO KAZUKO

ワークシート㉖

( ) 年 ( ) 組　　なまえ (　　　　　　　　)

わたしメッセージを知ろう

「わたしメッセージ」とは
　　　非暴力で、自分の思いをきちんと伝えようとすること。
　　　解決に向けて思いを伝えあうことができる状態をつくること。
　〈5つのポイント〉
　　① <u>できるだけ穏やかに表現しましょう。</u>（落ち着くために深呼吸）
　　② <u>自分の気持ちとその理由</u>を伝えましょう。
　　③ <u>相手への希望</u>を伝えましょう。
　　④ <u>相手の気持ちや行動の理由</u>をききましょう。
　　⑤ <u>二人が納得できる解決方法</u>をいっしょに考えましょう。

(1) 次のようなことがあったとしたら、あなたはどうするか考えてみましょう。

> 給食の時間。あなたとAさんは牛乳当番です。
> でも、Aさんは友だちとの話にむちゅうで、エプロンをつけようともしません。

① (　) 「当番でしょ！　早くしてよ！」とルールを守っていないことをおこる。
② (　) しかたないからだまって一人で行く。
③ (　) どうして当番をしないんだろうと思って、理由をきく。
④ (　) 先生にいいつける。
⑤ その他 (　　　　　　　　　　　　　　　　　　　　　　)

● あなたの願いは何ですか？

| Aさんに文句を言いたい？ | Aさんともめたくはない？ | Aさんと、きちんと当番をしたい？ | 先生にきつくしかってほしい？ |

● あなたの願いが相手にきちんと伝わる方法を考えてみましょう。

102

(2) わたしメッセージで、「困りごと解決」をめざしてみましょう。

① 先生にノートを見てもらおうと並んでいたら、Ａさんがあなたの前に割り込んできました。

●こんなとき、あなたはなんと言いますか、
　次のどの言い方が、あなたの考える「わたしメッセージ」に近いですか。

　　Ａ　どいてよ！　横入りしないで！
　　Ｂ　（いやだけど、だまってる）……
　　Ｃ　せんせー！　横入りしている人がいま～す！
　　Ｄ　順番に並んでるよ。後ろに並んでほしいんだけど。急いでるの？

　□　選んだ理由

② となりの席のＡさんは、ここ数日、筆箱を持ってきていません。Ａさんは、毎日、あなたに「鉛筆、貸して」と言います。あなたは、ずっと貸していましたが、明日はちゃんと筆箱を持ってきてほしいと思っています。

●あなたは、Ａさんにどのように自分の気持ちを伝えますか。

●ペアになって、相手がＡさんだと思って、交代で書いたことを話してみましょう。
　※Ａさんの事情もきいてみましょう。
　※二人で解決方法も考えてみましょう。

©OKIMOTO KAZUKO

資料⑦　実践より

4年生

相手に気持ちを伝えるときに自分が心がけたいことを考えました。もちあじは一人ひとり違うので、いちばんいい表現スタイル、これでないといけない表現スタイルというものはありません。子どもたちは、友だちとのコミュニケーションがここちよいものになるように、そして、自分の願いが相手に届くように、これから意識してやっていきたいことを書きました。これをクラスみんなで確認することで、もちあじの尊重が深まります。

自分の表現スタイルで心がけたいこと

- 心をこめて。
  落ち着いて。
  相手の気持ちを考えて。

- 事情を聞く。
  気持ちを考える。
  もちあじを気にする。

- 自分の気持ちを言う。
  落ち着く。
  やさしく言う。

- あまりきつく言わない。
  相手を思って言う。
  どちらもなっとくできる方法を考えたい。

- 相手の顔や目を見て言う。
  「助けて」と言う。
  ヘルプミー（SOS）と言う。

- 始めから最後まで話のなかで「わたしメッセージ」を意識する。
  落ちついて冷静になる。
  自分の意見を言う。

- 自分の気持ちをはっきりと言う。
  相手のもちあじを大切にする。
  言葉使いに気をつける。

- 相手の気持ちを聴く。
  両方がなっとくできる方法。
  相手の思いを考える。

- 物を投げない。
  すぐキレない。
  落ち着く。

- スマイルをする。
  めいし交かんをする。
  あく手をする。

- 言い方。
  上から目線をしない。
  相手の目を見て言う。

- 相手にやさしく伝える。
  相手がかなしくならないようにする。
  自分の願いを伝える。

- いやなことは言わない。
  気にさせることは言わない。
  たたかない。

- 言い方。
  上から目線にならないようにすること。
  相手の表情を見て言う。

- 「ごめん。言っちゃった。もう一回！」
  もちあじ交かん！！！！！！

- ちょっと待つ。
  それから、聴く。
  ケンカにならないように、落ち着いて話す。

- 人をなぐらない。
  思いやる。
  すぐにおこらない。

- さいしょはわたしメッセージやったけど、とちゅうからきつくならないようにする。
  落ち着いて自分の気持ちを言う。
  言葉に気をつける。

ワーク⓬ 怒りの落ち着かせ方

　怒りをあらわすのは大事なことです。何に怒っているのかが伝わると、怒りのモトとなっている問題を解決するために周りの人もかかわることができます。ところが、怒っていることはわかっても、何に対して怒っているのか、何を望んでいるのかがうまく伝わらないと、それがけんかやもめごとや対立を激しくする原因になっていきます。

　子どもたちに、対立が激しくなっていく要因を考えてもらうと、「やり返す・関係のない話まで持ち出す・昔のことを持ち出してしつこく言う・たたくなどの暴力をする・言葉で相手を傷つける・決めつける・からかう・バカにしたような態度をとる・無視する・仲間はずれにする・うそをつく・関係のない人を仲間に引き入れる」などの項目がすらすら出てきます。これらは、日常によく見られることなので、子どもたちは、「すぐに対立やもめごとが激しくなってしまうのもうなずける」と納得します。

　このように、対立が激しくなる理由を考えるワークをおこなってから、どうすれば対立やもめごとが激しくならないうちに解決できるのかを考えるワークにすすむと、解決方法がたくさん見えてきます。一人ひとりが、自分なりの「わたしメッセージ」で思いを伝え、精いっぱいの非暴力でかかわりあう関係づくりをめざします。

①自分はどんなことで怒るのかを知り、人によって怒るポイントが違うことに気づこう（ワークシート㉗）

　怒りは、社会の矛盾や偏見・差別に立ち向かうためのエネルギーになる大切な感情です。みんなで問題に立ち向かい、力を合わせて解決していくために、非暴力で怒りを伝えあいたいものです。そのために、まず、自分の怒りのポイントとあらわし方を自覚し、一人ひとりの怒りの大きさやあらわし方を知りあいます。その違いを尊重しながら、怒りのあらわし方のなかに暴力があると気づいたとき、暴力ではなく非暴力での解決をめざしてクラスで考え実行していくチカラの獲得をねらいます。

②怒りを落ち着かせる方法を探ろう（ワークシート㉘）

　怒りの感情は心の温度を高くしすぎたり、うんと冷たくしすぎしたりします。怒りのわけを自覚し、解決に向けて誰かに伝えるために、いったん心を落ち着かせることが必要です。怒りを落ち着かせるために、日ごろどんなことをしているのかを考えて交流することで、今まで、なかなか落ち着けなかった人が、怒りの理由を周りの人にうまく伝えることができるようなヒントを得て、これからのコミュニケーションに役立てていくのがねらいのワークです。

　さらに、怒りが落ち着いたら、次は解決に向けてどう行動していくのかを考えるワークにつなげていきます。

ワークシート㉗

( ) 年 ( ) 組　　なまえ (　　　　　　　　)

わたしが怒るとき

1. あなたは、どんなときにどれくらい腹が立ちますか。下の文を読んで、しるしをつけてみましょう。

とても腹が立つ…◎　まあまあ腹が立つ…○　少しだけ腹が立つ…△　腹は立たない…×

A　1（　）誰かが勝手にあなたの持ち物を使ったとき
　　2（　）誰かに悪口を言われたとき
　　3（　）伝えたいこと（きもち）をわかってもらえなかったとき
　　4（　）話をさえぎられたり、知らんぷりされたりしたとき
　　5（　）にがてなことをむりやりやらされたとき

B　6（　）使っている物がこわれたとき
　　7（　）時間がきたので、楽しいことをやめなければいけないとき
　　8（　）勝ちたいじゃんけんで負けたとき

C　9（　）誰かが友だちの悪口を言っているのをきいたとき
　　10（　）苦しめられている人がいることをニュースなどで知ったとき

2. 上のAの5つ、Bの3つ、Cの2つに共通することは何でしょうか。
　ABCの項目の違いを考えてみましょう。

Aは、_____
Bは、_____
Cは、_____

3. 自分は、どんなとき・どんなことに腹が立つのか、気づいたことを書きましょう。

4. あなたは、腹が立ったときどんなふうになりますか。あてはまるものに○をつけてみましょう。

（　）その場をはなれる　　　　　（　）大きな声でどなる
（　）ぶつぶつ文句を言う　　　　（　）ドキドキする
（　）声がふるえる　　　　　　　（　）歯をくいしばる
（　）誰かをにらむ　　　　　　　（　）モノにやつ当たりする
（　）頭が痛くなる　　　　　　　（　）おなかが痛くなる
（　）なみだが出る　　　　　　　（　）からだが熱くなる
（　）苦笑いをする　　　　　　　（　）しゃべらなくなる
（　）トイレに行きたくなる　　　（　）水を飲みたくなる
（　）誰かをたたく　　　　　　　（　）自分をたたく

5. ほかにもありますか。今までの経験を思い出して、あれば書きましょう。

6. 4にある項目や5に書いたもののなかに、暴力にあたるものはありますか。

7. 自分が腹を立てているとき、周りの人にしてほしいことはありますか。してほしくないことはありますか。

してほしいこと

してほしくないこと

　　怒りは、大切な感情です。
　　怒りは、問題を解決するためのエネルギーになります。
　　怒りを、非暴力で伝えあい、かかわりあい、問題を解決していきましょう。

©OKIMOTO KAZUKO

ワークシート㉘

（　）年（　）組　　なまえ（　　　　　　　　　）

怒りを落ち着かせる方法を探ろう

1. あなたは、怒りを感じたとき、どうやって気持ちを落ち着かせていますか。

2. 友だちの方法をメモしておきましょう。

3. 自分に合った方法をみつけましょう。
　♣自分に合った「気持ちを落ち着かせる方法」は、これ‼

4. 気持ちが落ち着いたら、次は何をしますか。

©OKIMOTO KAZUKO

解決に向けて、非暴力で自分ができることを見つけましょう。

資料⑧　実践より
5年生のワークシートから
●**ふりかえり**
●わたしは、対立を激化させるほうなので、対立と向き合えたらいいな！！　対立をさけるのは、自分の気もちを素直に言えていないのであまりいい方法とは思えません！！　わたしは、今日、対立について初めて考えようと思う気になりました。もともと考えようとも思いませんでした。でも、今日の授業があったから考えようと思いました。つぎの時間も考えたいです●対立を大きくするわけは、ぼくだけでは、ひとつしか思い浮かばなかったのに、全員合わせたらすごく出てきた。そんなにあるのだからすぐ対立が大きくなるのだと思った。「なるほど」と思うことばがいっぱい出てきた。対立の階段を上がれば、とんでもないことが起こることが分かった●対立を避けずに言いたいことは言ったりするけど、暴力はふるわずに感情に支配されずにしていきたいなあ〜●わたしはたまに対立を激化させて強い言い方になったり、相手のせいだと考えてしまうから、対立が大きくならないように今度からは気をつけようと思った●行動や言葉の言い方などを相手の気持ちを考えないで変えると対立すると思いました。わかった。昔のことを持ち出すっていうのを時々していました。これからは、対立にならないようにしようと思います●ストレス解消法って人それぞれだと思っていたから、人がどうしてるかなんて考えもしなかったけど、いろいろやってるということがわかってよかったです●「それいいやん！」と思うのもたくさんありました。大きくため息をつくのは、簡単です。きけてよかったです●わたしは、いやな気持ちのときは、紙に細かい絵を描きます。授業中、ノートに絵を描いていたら、気持ちを落ち着かせてると思ってください

●**気持ちの落ち着かせ方**
●パソコンのゲームであそぶ●エアークッションをプチプチつぶす●マンガや本を読む●寝る●ためいきをつく●白い紙に絵を描く●ベッドでまくらを思いっきり投げる●テレビを見る●お気に入りの曲を聴く●物にやつあたりする●勉強する●深呼吸する●ぐちを言う●誰かのことを考える●何かを妄想しとく（別のことを考える）●おどりまくる●からだをうごかす●すねまくる●さけぶ●聴いてもらえる人に言う

●**気持ちが落ち着いてからすること**
●自分の考えと希望を言って、相手の希望をきく●自分の悪かったところを言ってあやまる●次の日、もとどおり●次の日からふつうにしゃべる（しゃべれたら）●自分からしゃべりに行く●落ち着いて考えても、自分からはなんだかあやまりにくい。相手があやまってくれたら自分もあやまる●文句言ってもややこしいし、はじめからあきらめていたけど、ちょっとくらいはわたしメッセージも使ってみようと思う

あとがき

　一人ひとりのもちあじの違いをみんなの「みらいの種」の豊かな栄養にすることをめざす「もちあじワーク」。すすめていくうちに、子どもたちがそれぞれの夢を叶えるためのチカラを獲得していきます。思いを傾聴し、仲間を信頼し、多様性を尊重する意識が生まれます。自分たちで「安心の場」をつくっていこうとする共通認識が生まれます。それは、とりもなおさず、いじめや差別に立ち向かい、もめごとを解決するために必要なチカラです。

　対立やいじめ・もめごとが激しくなる前に気づき、立ち向かって解決しようとするチカラをつけるための活動は、じっくりと時間をかけてやりたいものです。ぜひ、それぞれの学校・子どもたちの実態に合ったプログラムを作成して全校で継続してとりくんでみてください。①対立やいじめ・もめごとに気づく事実を客観的に見つめ、②どこが問題なのかを明らかにし、③おたがいのもちあじを尊重して話を聴きあい、④解決に向けて自分なりの行動計画を考え、⑤実際に問題が起こったときに仲間とともに行動しようとする。この流れで学習をすすめると、子どもたちの日頃のモヤモヤはずいぶんとスッキリします。今まで、見て見ぬふりをして逃げていた自分に気づき、これからの行動を考えるアクティブラーニングの継続で、いじめに立ち向かうための行動をみんなで確かめあうことができ、自分の行動に自信がもてるようになるからです。

　『教室はおもちゃばこ』では、人間関係づくり・集団づくりの活動としての「もちあじワーク」実践を紹介しました。『教室はおもちゃばこ』の2冊目にあたる『ひらがな学習』でも、ひらがな学習の根底にある「もちあじ」にふれました。そして、本書では、人権教育すべての土台づくりとしての「もちあじワーク」の実践を、ワークシートや展開事例とともに紹介しました。「男女共生教育」や「行動力を育むプログラム」として実践した活動も載せましたので、性の多様性、いじめの未然防止や解決の授業にも役立てていただけたなら幸いです。わたしもメンバーの一人である大阪多様性教育ネットワーク（ODEN）の本『多様性教育入門』『多様性の学級づくり』（解放出版社）にも「事実と意見」「うわさのしくみ」「4つの立場」「傍観者から味方になるために」といった、いじめや差別に立ち向かうチカラをつけるためのアクティビティが載っています。ぜひ、読んでみてください。
　いっしょに学びあったたくさんの子どもたち、たくさんの仲間の思いを受けて、この本ができました。解放出版社の加藤登美子さんには、ずっと温かく見守っていただき、絶えずそっと背中を押していただきました。心より感謝申し上げます。

　2017年1月　　　　　　　　　　　　　　　　　　　　　　　　　　　　沖本和子

沖本和子（おきもと かずこ）

元・大阪府小学校教員。
大阪多様性教育ネットワーク共同代表。

行動力をはぐくむ教室
――もちあじワークで多様な未来を

2017年3月15日　初版第1刷発行

著者　沖本和子 ©
発行　株式会社　解放出版社
　　　〒552-0001　大阪市港区波除4-1-37　HRCビル3F
　　　TEL06-6581-8542　FAX06-6581-8552
　　　東京営業所　千代田区神田神保町2-23　アセンド神保町3F
　　　TEL03-5213-4771　FAX03-3230-1600
　　　振替 00900-4-75417　ホームページ http://kaihou-s.com
　　　装幀　森本良成　　レイアウト　伊原秀夫
印刷・製本　モリモト印刷株式会社

定価はカバーに表示しております。落丁・乱丁はお取り換えします。
ISBN978-4-7592-2162-6　NDC370　110P　26cm

解放出版社の本

教室はおもちゃばこ　学級づくりに多様なもちあじを
沖本和子 著

B5判　127頁　定価1600円＋税　ISBN978-4-7592-2156-5

子どもたちとともにつくった人間関係づくり・集団づくりの実践を安心ルール、気持ち、もちあじ、みらいの種の4つのキーワードで章を構成し23のワークシート・すすめ方とともに紹介。新たな活動事例も多く提案する教材＆実践本。

● 主な目次

まえがき
1　「安心」の教室をつくろう
2　「気持ち」を確かめあおう
3　「もちあじ」を尊重しよう
4　「みらいの種」を育てあおう
5　多様なもちあじを感じあう活動を（Ⅰ～Ⅷ）
ワークシート　1～23
あとがき

ひらがな学習　子どものもちあじを活かして
沖本和子 著

B5判　134頁　定価1600円＋税　ISBN978-4-7592-2157-2

ほぐす・ひらく・つながる「ひらがな学習」は子どもたちがもちあじを発揮しながら安心して伝えたい思いを言葉にしていく。さまざまな工夫をした授業実践と多くの学級通信からは楽しんで書く子どもたちの様子と思いがよく伝わる。

● 主な目次

まえがき
1　ひらがな学習で大切にしていること
2　「くぐらせ期」の活動紹介
3　ひらがな学習の実践
4　ひらがな学習で「みらいの種」を育てよう
あとがき

障害などの理由で印刷媒体による本書のご利用が困難な方へ

本書の内容を、点訳データ、音読データ、拡大写本データなどに複製することを認めます。ただし、営利を目的とする場合はこのかぎりではありません。

また、本書をご購入いただいた方のうち、障害などのために本書を読めない方に、テキストデータを提供いたします。

ご希望の方は、下記のテキストデータ引換券（コピー不可）を同封し、住所、氏名、メールアドレス、電話番号をご記入のうえ、下記までお申し込みください。メールの添付ファイルでテキストデータを送ります。

なお、データはテキストのみで、写真などは含まれません。

第三者への貸与、配信、ネット上での公開などは著作権法で禁止されていますのでご留意をお願いいたします。

あて先：552-0001　大阪市港区波除 4-1-37 HRC ビル 3F 解放出版社
『行動力をはぐくむ教室』テキストデータ係